freeeサイン代表 弁護士 **鬼頭政人** ［著］

ゼロからわかる
電子契約の実務
第2版

中央経済社

改訂版に寄せて

　2020年に日本を突然襲った新型コロナウイルス。生死の恐怖に怯えていたのはもう3年も前のことです。2023年となった今，日常生活ではマスクを外し，3年ぶりに対面でイベントを開催するなど，徐々に日常を取り戻しつつあります。

　「はんこ出社」をきっかけに政府内での議論に発展し，ブームといってよい様相を呈していた電子契約についていえば，2020年時点での「流行りもの」から2023年時点では「定番」に移行したといってよいでしょう。

　では，定番だから誰もが使っているか，というと答えはNOで，電子契約自体は知っているし，使ったこともあるが，一方で社内の契約はほとんどがまだ紙です，という会社も多いのが実態です。

　本書の初版を執筆開始した2020年夏以後，急速に電子契約は普及し，政府主導でデジタル庁の設置やデジタル改革関連法の施行といった矢継ぎ早の改革が進みました。自治体での電子契約導入も，実証実験から本格導入の過渡期にあります。

　本書は，もともと電子契約という言葉になじみの薄い方を対象に電子契約のいろはを解説する書という位置づけで刊行しました。それから2年以上が経過した今，改めて電子契約を取り巻く法規制を概観し，それが業務の何を解決するサービスであるのかを明らかにするべく改訂することとなりました。

　改訂版の刊行にあたり，第1章から第4章，および第7章以降については基本的には初版を維持し，刊行後の法律改正などについて，必要な範囲で修正を加えました。

　一方で，第5章と第6章については電子契約を導入する会社が多数に上ってきたことで，電子契約を導入する場合の困りごと（ペイン）もかなり明らかになってきたため，1章ではなく2章に分けてその内容を明らかにするとともに改めて電子契約導入のステップを明らかにしています。初版を維持している部分もありますが，大幅に改変・拡充していますので，刷新といってよい状態です。

　また，随所に散りばめたコラムでは，昨今の法律改正について触れ，各法律で電子化がどのように進められようとしているのかといったことを追加しました。

　最後の章では，2023年はじめから急速に普及してきたChatGPTをはじめとする生成AIが電子契約やリーガル業界にもたらすインパクトについてもごく簡単に触れました。リーガルテック業界の片隅で活動する者として，昨今の生成AIの隆盛にはワクワクしており，リーガル業界も今後10年で大きく変わっていくと確信しています。本書をお読みの皆さんは電子契約についてアンテナを高くするだけでなく，昨今のテクノロジートレンドとそれが法律業界に与える大きな影響についても思いをはせていただければと思います。

2023年9月吉日

freeeサイン株式会社　代表取締役
弁護士　鬼頭　政人

はじめに
〜リーガルテックが社会を変える〜

「契約は紙とハンコ」
　日本中で当たり前として考えられてきたこの常識が崩れつつあります。

　オリンピックイヤーで盛り上がりを見せるかと思われた日本の2020年は，新型コロナウイルスという未曾有の病により，景色が一変しました。大型のイベントはオリンピックも含め軒並み延期や中止，オフィスへの電車通勤はおろか，家から出ることすら自粛しなければならない，という緊急事態宣言が2020年4月7日，日本で初めて発出されました。

　そんな非常事態の中，一気に普及したのがテレワークです。
　もともとはベンチャー企業など一部の企業だけが行っていたのですが，いまやこの言葉を聞かない日はないくらい，テレワークは普及しました。

　もっとも，テレワークの状況下でも出社をしなければならない人が一定数おり，その理由の多くが「ハンコを押すため」であるということがわかるにつれ，「ハンコ出社」をなくそう，という動きが日本全体で盛んになりました。

　「紙とハンコをデジタル化」する，という流れが2020年5月頃から大きなうねりとなって，政府や行政すらも動かしている，というのが現状です。1年前からはおよそ考えられない議論が繰り広げられているといえるでしょう。

　そうした中，注目を浴びているのが本書で扱う電子契約です。電子契約は，実は歴史が古く2000年から法制度として存在はしていましたが，

あまり普及していませんでした。それが，このコロナ禍にあって，ひときわ注目を集めているのです。

　私自身，freeeサイン（フリーサイン）という電子契約・契約管理サービスを自らの会社で提供しているのですが，その追い風をひしひしと感じているところです。

　ただ，日本のすべての会社が一気に電子契約の導入を進めているかといえば答えはNOです。その最も大きな理由は，一言でいうと「電子契約がよくわからない」ことだと私は思っています。もう少し突っ込んでいうならば，多くの方は「オンラインで簡単に契約できる」というような漠としたイメージだけを持っている状態です。しかし，ひとたび詳細を調べてみると，民法などの実体法や民事訴訟法などの手続法が複雑に絡み合う分野であること，それに加えて公開鍵暗号などの技術分野の知識も必要である点が判明し，その複雑さに導入をギブアップしてしまう例が相次いでいます。

　そこで本書では，電子契約について聞いたことはある，興味はある，という方を対象に，ゼロから電子契約の基礎知識が学べるような内容をご提供していきます。中小企業の管理部門で法務も兼務している，法務部に配属になったけど電子契約というもの自体がよくわからない，サービスの紹介は受けたけど何が何やらよくわからない，という方を念頭に置いて，電子契約の知識をゼロからお伝えしていきたいと思います。

　電子契約は，間違いなく将来の日本の，いや世界の「当たり前」になります。もっといえば，電子契約に限らず，契約や法律の世界がデジタル化していくリーガルテックは今後，世界全体に普及していきます。

　今は電子契約を導入している企業が先進的という扱いを受けています

が，数年後には「導入していない企業は時代遅れ」…そういわれる時代が来ます。そして，電子契約に限らず，AIによる契約書のレビュー，法務ナレッジの共有，コンプライアンス検知の自動化といった，あらゆるリーガル分野でのデジタル化が進んでいきます。

　私が代表を務めているfreeeサイン株式会社は，「リーガル×テクノロジーで社会のインフラになる」というビジョンを掲げ，社会にとって必要なサービス・事業を提供しています。電子契約サービス（freeeサイン）はその1つにすぎないのですが，リーガルテックの一丁目一番地といえるのがこの電子契約です。

　かつてスタンダードだった電車の紙切符が自動改札によりほとんど消滅したように，将来，紙の契約はほとんど姿を消すでしょう。電子契約は法務デジタル化の第一歩です。いち早く導入して未来の当たり前を先取りしましょう。

　本書を通じて，電子契約に関するみなさんの理解が少しでも深まっていくことを願っております。

　本書執筆にあたっては，小野大輝弁護士，法律事務所Neonの西野良和弁護士に法律的な観点からのチェック，助言をいただきましたのでここで御礼を申し上げます。

2021年1月吉日

freeeサイン株式会社　代表取締役

弁護士　**鬼頭　政人**

本書の構成

　本書は，電子契約の知識がほとんどない方を対象に，基礎知識から最新トレンドまでを網羅的に理解できるように構成しています。

　第1章では，なぜ電子契約はわかりにくいのか，いわゆる電子署名法がストレートに想定しているサービスが現在の支配的なサービスとなっていない点，にわかに注目を浴びるようになったサービス形態とその理由など，直近の具体的な動きについて解説していきます。本章を読むことで，電子契約，もっと広い概念としての脱ハンコの流れがどのようなステップで行われようとしているのか，を理解できます。

　第2章では，民法などのいわゆる実体法上の知識のうち，電子契約を理解するのに必要な範囲の知識を解説していきます。契約の成立に関する基本的な考え方から始まり，その中で電子契約がどのような位置づけとなるのか，という点を見ていきたいと思います。また，日本はなぜ書面とハンコにこだわるのか，という点についても解説をしていきます。

　第3章では，電子契約で締結した文書が，裁判上，どのように取り扱われるのか，という点について民訴法を踏まえてお話をしていきます。そもそも裁判というのはどのようなプロセスで行われるのか，電子契約は証拠として使えるものなのか，どのような場合であれば使えるのか，ハンコとの違いは何なのか，という点を解説していきます。

　続く第4章では，電子契約を支える技術的基盤について解説していきます。電子契約に用いられているさまざまな技術は，何のために存在し

ているのか，という点に始まり，電子署名，タイムスタンプなどについて解説していきます。

　第5章では，電子契約というサービスが法務のどの領域に関するサービスであるか，という位置づけを整理した後，法務の業務フローの具体的内容を明らかにし，その中で生じる困りごとについても特定していきます。そして，電子契約を導入することでそうした困りごとがどう解決するのか，ということを見ていきます。

　第6章では，電子契約の導入をどのように進めていくのか，という点を，ステップを追ってお伝えしていきます。電子契約導入時に考えるべきことは何か，導入後はどのようなプロセスで進めていけばよいのかを明らかにします。

　第7章は，私が電子契約サービスを提供する中でよくいただく質問に回答する章となっています。注目を浴びたとはいえ，電子契約の普及率はまだまだ低いのが実情であり，そのハードルは何なのかを解説したうえで，よくある質問に答えていきます。

　終章となる第8章では，電子契約の未来はどうなっていくのか，という点について私見も交えて記載をしています。現時点でほぼ確実に見える未来と，そこから発展していく姿を想像していただき，電子契約を通じて見える未来にワクワクしていただきたいと考えています。

　全体を通じ法律のプロではない方を対象に，平易な文章で，わかりやすさを重視して記載しています。したがって，法律のプロから見ると，「そこはあの例外が」，「それ以外の方法もある」などのご指摘をいただ

く部分もあるかもしれませんが，それらは枝葉ととらえ，電子契約の幹となる部分を読者の方にご理解いただくのを目的に記述しています。

随所に入れ込んだコラムはやや発展的な内容となりますので，理解の及ぶ範囲で読んでいただければ構いません。

また，よく使う法律名については以下の略語を用いて記載することにします。

- 民事訴訟法→民訴法
- 電子署名及び認証業務に関する法律→電子署名法
- 電子計算機を使用して作成する国税関係帳簿書類の保存方法等の特例に関する法律→電子帳簿保存法
- 電子委任状の普及の促進に関する法律→電子委任状法
- 下請代金支払遅延等防止法→下請法
- 電子消費者契約に関する民法の特例に関する法律→電子消費者契約法

それでは早速，電子契約の世界に入っていきましょう。

目　　次

第1章　電子契約とは何者？

第2章　電子契約って有効なの？
〜実体法上の基礎知識〜

第3章 電子契約は裁判で証明できるのか？
～訴訟法上の基礎知識～

第7章　電子契約導入にあたってよくある質問

第8章　電子契約の未来

第1章

電子契約とは何者？

なぜ電子契約はわかりにくいのか？

> 「とりあえず情報収集をしたかった」
> 「どういう場合に電子契約できるのかわからない」
> 「個人的にはいいと思うが，内部に説明ができない」

　電子契約サービスの営業現場で日常的に見かける顧客からの意見です。電子契約と一口にいっても，サービス自体多数ありますし，内容もさまざまですので，非常に理解しにくいものになっています。

　電子契約に関する中心的な法律である電子署名法は2001年に施行され，すでに約20年の歴史があります。ここまで時間が経過していればもう少し理解が進んでいてもおかしくないはずです。

　しかし，上記のとおり，人々の間ではいまだ電子契約が浸透しているとはいえません。なぜ，こんなにも理解が進んでいないのでしょうか？

　その理由は，以下の点にあると私は考えています。

> ①　関連する法律が多岐にわたるから
> ②　技術的側面の理解が必要であるから

　電子契約というのは，法律＋ITのサービスといってよいのですが，法律についてもITについても詳しくない人が大半である中，その両者に詳しい人はほとんどいないのです。

　①については，私法の基本法といえる民法だけでなく，民訴法の理解

も必要になります。また，ハンコの効力に関しては民訴法の条文だけでなく判例の理解も必要になってきます。加えて，電子署名法や電子帳簿保存法などの周辺法律の理解も必要になるため，それらを一体的に理解することが容易ではないのです。まして，昨今普及しつつある立会人電子署名型電子契約サービスは新しい類型のサービスですので，理解はなおさら困難をきわめます。

　②については，クラウドやメールアドレスといった基本的なIT知識だけでなく，タイムスタンプや電子署名に用いられる公開鍵暗号といった見慣れない技術まで理解する必要があるので，この分野に詳しいエンジニアでない限り，理解に苦労する，ということになります。

　こうした，複雑多岐にわたる法律と見慣れない技術の理解をしてはじめて，電子契約とは何たるか，ということがわかるのです。そして，電子契約とは何たるか，が自分でわかったとしても，たくさんのサービスの中から何を選べばよいのか，という比較も難しいので，選定段階でもまた迷いが生じます。

　加えて，通常は担当者の一存で決められるサービスでもありませんから，社内への説明や周知をしたうえで，既存の業務フローを変える，ということも必要になってきます。

　こうしたことを1人でできるスーパーマンはなかなかいないので，結局は「よくわからないから導入しない」という結論になってしまうのです。しかし，「わからない」ままでは非常にもったいないですよね。本書をお読みのみなさんには，未来の「当たり前」である電子契約を早く体験して導入していただきたいと考えています。

　本書では可能な限りみなさんの疑問を解消し，知識を嚙み砕き，導入のイメージも持っていただけるようにします。ぜひ一緒に電子契約の世界に踏み込みましょう。

2 実は電子契約の歴史は古い

　電子契約に最も縁が深い法律といえば電子署名法でしょう。電子署名法は2001年から施行されている法律で，電子契約に関する電子署名の元祖の法律であるといえます。

　2001年に定められたe-Japan戦略[1]の中で，いくつかの重点政策が示されました。中でも，

> 「電子商取引ルールと新たな環境整備」
> 「電子政府の実現」

は文書を電子化する方向の政策と位置づけられています。

　「電子商取引ルールと新たな環境整備」の部分には，

> ウ）契約成立時期の明確化などの電子契約や情報財契約のルール，インターネットサービスプロバイダー等の責任ルール等について，2001年の通常国会に必要な法律案を提出する。

と明記されるところであり，これらが先導する形で，2001年4月1日に電子署名法が施行されることになりました（同法附則1条）。

1　平成13年1月22日e-Japan戦略（高度情報通信ネットワーク社会推進戦略本部）
https://www.kantei.go.jp/jp/it/network/dai1/1siryou05_2.html

　電子署名法制定当初は，BtoB，中でも建設業界から使われ始めていたようです[2]。

　もっとも，20年経過した今でも，電子契約が世の中全体に幅広く普及しているとはいえません。電子署名法に基づく電子署名をするには，電子証明書や秘密鍵を契約当事者の各自が取得して準備し，それを用いて電子署名をする必要があるので，そのプロセスがとても面倒だから，というのが最も大きな理由です。

　私自身，お客様から，電子署名をするのに長時間かかった，という話も聞いたことがあり，そうであれば印刷して紙を製本して印鑑を押したほうが早いことから，あえて紙ではなく電子契約を選ぶ企業が少なかったのでしょう。

　電子署名法自体の歴史は古いのに，電子契約が普及してこなかったのは，こうした面倒くささを超えるほどの利便性を感じる人や企業が少なかった，ということです。

　2　宮内宏『電子契約の教科書』（日本法令，2017年）（以下「宮内本」といいます）106頁参照。

3 電子契約，最近の流れ

　2001年に電子署名法が施行されたにもかかわらず，長らく市民権を得てこなかった電子契約ですが，2020年に大きな転機が訪れます。

　新型コロナウイルス感染症の流行に端を発したテレワークの流れの中で，「ハンコのために出社」する，という点が社会の注目を集め，「ありえない」という文脈でテレビや著名経営者の間で話題となり，一気に「ハンコをなくしてデジタル化しよう」という流れになりました。

　これまではハンコの廃止に否定的なスタンスをとっていた当時のIT担当大臣も，ハンコの廃止に前向きとなり，総理大臣自らが「ハンコをやめるよう対応を」と指示をする事態となりました。

　次頁の図表はその後の流れを簡単にまとめたものです。

【2020年に行われた主な措置】

4.7	日本で初めての緊急事態宣言
4.27	首相より規制改革推進会議に「脱ハンコ」の指示
5月末	法務省が経済4団体に取締役会議事録の電子化を容易にする内容の通知
6月中旬	商業登記の添付書類として立会人型電子署名を認める措置
6.19	「押印についてのQ&A」（内閣府，法務省，経済産業省）
7.2	規制改革推進に関する答申（規制改革推進会議）
7.8	政府と経済4団体が脱ハンコに向けた共同宣言
7.17	「利用者の指示に基づきサービス提供事業者自身の署名鍵により暗号化等を行う電子契約サービスに関するQ&A」（総務省，法務省，経済産業省） 経済財政諮問会議の「経済財政運営と改革の基本方針2020　概要」において書面・押印規制の見直しを明言
9.4	利用者の指示に基づきサービス提供事業者自身の署名鍵により暗号化等を行う電子契約サービスに関するQ&A（電子署名法第3条関係）（総務省，法務省，経済産業省）

　2020年4月27日に開催された経済財政諮問会議で，安倍晋三首相が，押印や書面の提出などの制度や慣行の見直しを規制改革推進会議で取りまとめるよう指示すると，その後，同会議内で活発な議論が行われ，矢継ぎ早に対応が行われていきました。

　まず動いたのが法務省です。

　法務省は，2020年5月末，日本経済団体連合会や新経済連盟など主要な経済団体に対して通知[3]を送り，取締役会議事録を電子ファイルで作成する場合の電子署名について，リモート署名や立会人型署名を認める，という内容を示しました。リモート署名や立会人型署名については後述

　3　新経済連名HPに通知内容が記載。
　　https://jane.or.jp/proposal/notice/10829.html

しますが，ここでは取締役会議事録の電子化を容易にする措置が法務省によって講じられた，という点を理解いただければと思います。

また，6月中旬には，商業登記のオンライン申請の添付書類として，法務省が指定する立会人型電子署名サービスでも可能とする措置がとられました[4]。

そして，6月19日には，「押印についてのQ&A」と題する資料が開示され，内閣府，法務省，経済産業省の連名で，ハンコに関する誤解を解くようなさまざまな情報が開示されました。例えば，

問１．契約書に押印をしなくても，法律違反にならないか。

- 私法上，契約は当事者の意思の合致により，成立するものであり，書面の作成及びその書面への押印は，特段の定めがある場合を除き，必要な要件とはされていない。
- 特段の定めがある場合を除き，契約に当たり，押印をしなくても，契約の効力に影響は生じない。

といった形で，押印をしなくても（ハンコがなくても）契約の効力に影響は生じないのだ，ということを国が率先して明示した，という意味で大きな価値のある開示であったといえます。このQ&Aの中には，電子契約に関する記載もあります（同Q&A問６）。

そして，7月2日の第8回規制改革推進会議において，「規制改革推進に関する答申」[5]，「書面規制，押印，対面規制の見直しについて」[6]が提

4　法務省「商業・法人登記のオンライン申請について」
http://www.moj.go.jp/MINJI/minji60.html
5　「規制改革推進に関する答申」16頁。
https://www8.cao.go.jp/kisei-kaikaku/kisei/meeting/committee/20200702/200702honkaigi01.pdf
6　https://www8.cao.go.jp/kisei-kaikaku/kisei/meeting/committee/20200702/200702honkaigi04.pdf

出され，脱ハンコの流れはいよいよ加速した，といえます。これらの文書の中には，

（2）電子署名の活用促進
　電子署名の活用促進のため，民間においてクラウドを活用した電子認証サービスの利用が拡大していることを踏まえ，これらのサービスのうち一定のものについては，電子署名法上の電子署名に該当する旨を明確にするQ&Aを関係省庁において作成し，周知を図る。
　また，一定の要件を満たせば電子署名法3条の対象となり得ることに関して，その考え方を明らかにするため検討を開始し，早期に結論を得る。

といった記載もあります。

　これを受けて，7月8日には，政府と経済主要団体らが，「「書面，押印，対面」を原則とした制度・慣行・意識の抜本的見直しに向けた共同宣言」[7]を出すに至っています。

　そして，7月17日には，総務省，法務省，経済産業省の連名にて「利用者の指示に基づきサービス提供事業者自身の署名鍵により暗号化等を行う電子契約サービスに関するQ&A」[8]が出されました。ここでは，立会人型電子署名サービスが電子署名法上の「電子署名」に該当し得る，と明言しています（この点については後ほど詳述します）。

　また，同日，経済財政諮問会議に提出された「経済財政運営と改革の基本方針2020」においても，行政手続のオンライン化目標，すべての行政手続のオンライン化に向けて，2020年7月から1年間を集中改革期間として動き出す，と明言されています。

　さらに，9月4日には，総務省，法務省，経済産業省の連名で「利用

7　日本経済団体連合会HP　https://www.keidanren.or.jp/policy/2020/061.html
8　http://www.moj.go.jp/content/001323974.pdf

者の指示に基づきサービス提供事業者自身の署名鍵により暗号化等を行う電子契約サービスに関するＱ＆Ａ（電子署名法第３条関係）」[9]が出され，立会人型電子署名サービスが一定の要件下で電子署名法３条にも該当し得る，という点も明らかにされました。

さらに，９月16日に発足した菅政権においては，「脱はんこ」が重点政策にかかげられており，その動きはより一層加速しています。2021年度の予算においては，デジタル化の推進に多くの予算が割り当てられることとなりました。

このように，2020年は電子契約業界にとって激動の年でした。

その後，2021年５月19日にデジタル改革関連法[10]（６つの法律の総称です）が公布され，同年９月１日に大部分が施行されました。

その中で電子契約に関わるのは「デジタル社会の形成を図るための関係法律の整備に関する法律」で，実に48もの法律の関連規定が変更され，押印・書面規制の大部分が廃止／緩和されました。

本書の初版を発刊した2021年１月現在では書面規制が残っている法律も多くありましたが，2023年５月時点では，そのほとんどは電子契約でも問題がない，という形に変わっています。電子契約が社会に普及する土台がここ数年で急速に整った，といえます。

もっとも，これら改正は「（紙ではなく）電子契約でもよい」という趣旨の内容ですので実際の電子契約の普及度でいうとまだまだ，というのが現状で，電子契約に対する社会の理解度はそこまで深まっていないと私は感じています。

9　http://www.moj.go.jp/content/001327658.pdf?fbclid=IwAR1yaAll9ivg-UnmdCNP7Px5d3TcfKSNHhqSBhIXTogQu9nttKEH7yxfBWc

10　デジタル社会形成基本法，デジタル社会形成整備法，デジタル庁設置法，公的給付の支給等の迅速かつ確実な実施のための預貯金口座の登録等に関する法律，預貯金者の意思に基づく個人番号の利用による預貯金口座の管理等に関する法律，地方公共団体情報システムの標準化に関する法律の総称です。

　そこで，次章以降では，基礎の基礎からみなさんにお話をしていきます。

　次節では，そもそもここまで騒がれている電子契約というのは何なのか，それにはどのような類型があるのか，という点についてお話ししていきます。

4 電子契約って何？

　本書でもこれまで何度となく「電子契約」という言葉を用いてきました。しかし，「電子契約って何？」と聞いて正確に答えられる方は少ないはずです。漠然と紙の契約ではなくオンラインで契約を締結する，というくらいにしかとらえていないはずです。

　実は，電子契約を条文上で定義している法律があります。電子委任状法です。同法の2条2項には，

> 　この法律において「電子契約」とは，事業者が一方の当事者となる契約であって，電子情報処理組織を使用する方法その他の情報通信の技術を利用する方法により契約書に代わる電磁的記録が作成されるものをいう。

と記載してあります。このうち「事業者が一方の当事者となる契約であって」の部分は電子委任状に特有の話に関するものですので除外すると，電子契約というのは，

> 　電子情報処理組織を使用する方法その他の情報通信の技術を利用する方法により契約書に代わる電磁的記録が作成されるもの

であるといえます[11]。

　要するに，契約「書」ではなく，電子データがコンピューター等によって作成される契約のことです。

　また，契約というのは双方が合意をする文書を指していますが，近時の電子契約サービスは，一方的な通知書や請求書，受領書などにも広く用いられていることがほとんどです。

　ですので，一口に電子契約サービスといっても，実は扱っているのは電子契約だけでなく，従来書面で行われていたものを電子データでやり取りするもの全般を指す，という風に考えていただくほうが，正確にイメージがつくと思います。

　例えば，当社のfreeeサインであれば，以下のような文書が電子化されています。

- 秘密保持契約書
- 業務委託契約書
- 採用内定通知書
- 労働条件通知書
- 個人情報保護に関する誓約書
- 請求書
- 就業規則変更に関する従業員への通知
- 顧客への月例ニュースレター

　いわゆる契約書としてイメージされるものだけでなく，通知書や場合によってはニュースレターの配信のようなものまで広く使われているこ

11　ちなみに，電子消費者契約法２条１項にも「この法律において「電子消費者契約」とは，消費者と事業者との間で電磁的方法により電子計算機の映像面を介して締結される契約であって，事業者又はその委託を受けた者が当該映像面に表示する手続に従って消費者がその使用する電子計算機を用いて送信することによってその申込み又はその承諾の意思表示を行うものをいう。」とあり，事業者と消費者との間の電子（消費者）契約の定義が記載してあります。

とがおわかりになるかと思います。

　では，そうした電子契約サービスにはどのような種類があるのでしょうか。電子契約サービスは大きく分けて，３つの方法で提供されているといえます。

---

①　当事者電子署名型サービス
②　立会人電子署名型サービス
③　①，②以外の電子認証サービス

　これらのサービス形態の詳細については，前提となる民訴法の知識があったほうが理解しやすいので，詳細は後述するとして，現段階で，ざっくりと説明します。

　①の当事者電子署名型サービスというのは，電子署名法が従来から想定してきた，当事者双方が電子署名をするサービスのことです。これについては法律に明確に準拠するメリットがある反面，時間と手間と費用がかかる，というデメリットがあるので，広く普及してきませんでした。

　②の立会人電子署名型サービスは，近時支配的なシェアを占めるサービスです。当事者双方は電子署名せず，電子契約サービスの提供者が電子署名をするサービスです。導入の簡単さから広く普及してきましたが，反面，これまでは電子署名法の根拠を得られていなかったので，そこにボトルネックがあった状況です（このボトルネックが今ほぼ解消されています）。

　③の電子認証サービスについては，①と②以外のさまざまな内容の電子契約サービスを指しており，従来の電子署名の技術は用いずに，ブロックチェーンなど最新の技術を用いたサービスも見受けられるところです。

5 電子契約導入はイノベーションへの第一歩（導入のメリット）

では，そんな電子契約を導入することでどのようなメリットがあるのでしょうか。

まず，一般的に言われているものとして，

---

① **業務の効率化**

これまで郵送などでやり取りをしていたプロセスが大幅に削減されるので，業務時間が大幅に短くなり効率化されます。また，電子契約で管理しておくことで，後で契約を見返すときにも非常に短い時間で検索することができます。

② **印紙代削減などのコストメリット**

電子契約には印紙代が不要ですし（詳細は後述します），郵送費や紙の印刷代，郵送のやり取りに費やした人件費も不要になりますので，いろいろな点でコストメリットがあります。

③ **コンプライアンスの向上**

データ保管をしておくことで，紙の紛失といったトラブルを避けることができますし，契約がどのような経緯でこうなったのか，という証跡を追うこともできるので，コンプライアンス向上にも資することになります。

といったメリットがあります[12]。

しかし，私は，これら①〜③にとどまらないさらなるメリットがあると考えています。電子契約を使うことで，業務を（効率化ではなく）高

---

12 宮内本14頁以下参照。

16

度化することができるのです。

　昨今，デジタルトランスフォーメーション（DX）[13]がにわかに注目を浴び，すべてをデータ化していく流れが加速しています。データ化の対象は当然，紙文書がその中心になります。中でも，契約書というのはビジネスの根幹にかかわるものであり，契約を締結しない会社というのは世の中に存在しません。必ず契約を締結してビジネスを進めているわけです。契約書を電子化する，というのは業務のすべてをデジタル化していく流れの一丁目一番地なのです。

　契約書を電子化することで，会社の重要な情報のデータ化が進みます。データ化することができれば，それを蓄積し，分析し，次の行動に活かしていくことができます。例えば，契約がデータとして一覧になっているだけで，どの部門の契約数が伸びていて，どの部門の契約数は減っているのか，などは一目瞭然になります。さらに大量のデータを得ることができれば，それを人工知能が分析し，業績予測や，業務の改善ポイントの抽出にも役立てることが可能になるでしょう。

　契約情報をデータ化し，蓄積し，分析して次の一手を打つことができれば，単に業務を効率化するだけではなく，意思決定に活かすことにより経営の高度化を果たすことができるのです。電子契約導入を皮切りに，社内のデジタル化を推進し，それを経営の意思決定に活用するような未来を描いていただきたいと願っています。

　電子契約は自社業務のイノベーションへの第一歩なのです。

13　さまざまな文脈で多義的に使われているため定義が難しいのですが，ここでは，テクノロジーの力によって紙文書を含めたあらゆるものをデジタル化していく流れ，くらいの意味合いで使っています。

6　電子契約を理解するのに必要な３つのポイント

　強烈な追い風の吹く電子契約，導入のメリットも大きい——それでも，営業現場では，「電子契約で本当に大丈夫なのか？　どこまで大丈夫なのか？」といった不安や疑問がいまだに多く出てきています。

　これは，電子契約を理解するのに必要な知識が多岐にわたるからだ，と述べましたが，具体的には以下のポイントを理解する必要があります。

- 契約というのはどのように成立するのか，契約をするのに紙やハンコが必要なのか，電子契約にできる文書とできない文書の違いはどこにあるのか，といった民法を中心とした実体法の理解（第２章）
- 裁判は通常，どのように進行するのか，電子契約で締結した契約が民事裁判において有効と認められるにはどのようなプロセスが必要なのか，裁判上，ハンコはどのような意味を持つのか，といった民訴法を中心とした手続法の理解（第３章）
- 電子契約で用いられているタイムスタンプや公開鍵暗号（電子署名）というのはどのようなシステムなのか，という技術的基盤の理解（第４章）

　また，こうした知識面以外でも，

- 電子契約は何を解決するサービスなのか（第５章）
- いざ電子契約を導入する場合の具体的な導入手順（第６章）
- 電子契約を導入するうえでよくある質問（第７章）

といった点にも習熟する必要があります。

　これらのポイントを網羅的に把握しない限り，電子契約分野を理解することはできません。以下の章では，こうしたポイントについて，初歩の初歩から解説します。

第2章

電子契約って有効なの？
～実体法上の基礎知識～

1 今日，契約した？

契約の話に入る前に，以下の事例を読んでみてください。

> 朝，私（鬼頭）は電車に乗って通勤した。通勤の途中，コンビニでサンドイッチを買った。

さて，この事例において私は契約をしたでしょうか？　していないでしょうか？

答えはもちろん「契約をした」です。電車に乗る（運送契約），コンビニでサンドイッチを買う（売買契約）——これらは契約です。

私がいいたいのは，みなさんは日常的に契約を締結しているということです。

たまに「契約書を締結していないから契約していない」という発言を耳にするのですが，これは間違いです。契約というのは契約書があって初めて成立するものではありません[1]。

契約は，申込みと承諾の意思表示が合致したときに成立しますが（民法522条1項），逆にいえば，その合致があれば，契約書がなくても成立するのです（民法522条2項，詳細は次項）。

そんなことは当たり前だろう，と思うことなかれ。ここで私が経験した一例を述べましょう。

1　保証契約（民法446条2項）など一部例外を除きます。

　私が以前，弁護士事務所に勤務していたとき，法整備支援という業務でカンボジアの弁護士にカンボジアの民法を教えに行く，ということがありました。カンボジアの民法は日本の民法学者や法曹が中心となって作ったものなので，その内容がしっかりと理解されカンボジアに定着するよう，同国の弁護士に民法を教えに行こう，ということで実施されたものです。

　プノンペンで行われたそのイベントでは，カンボジアの弁護士が数百名集まりました。その中で，講演者の日本の弁護士の先生が，「今日，ここに来るまでに契約をした人は？」と聞いたときに，手が上がったのはわずかでした。

　カンボジアの民法は日本と似ていますので，もちろん，先程の事例のように多くの人はイベントに参加するまでに契約をしているはずですが，実際にはわずかな人しかその点を理解していなかったのです。これは一般人ではなく弁護士を相手にした話ですので，一般市民を相手にすれば，もっと理解度は低かったものと思われます[2]。実は契約というのは日常に溢れているのに，それを通常は意識していないことの好例です。

　この例から私が述べたいのは，日本においても，法律家にとっては当たり前でも，法律の専門家ではない方にとっては当たり前ではないことがたくさんあるということです。日本全体で見れば，法律に習熟している人はごくわずかなのです。

　2　カンボジアは過去に起きた大量虐殺によりベテラン法曹がほぼ皆無となったため，実際はやむを得ないことであり，同国の弁護士や市民をそしる意図はありませんが，契約を意識するのは難しいことの例として挙げています。

2 「だれと」,「いつ」,「どのような」契約を「どうやって」するかは自由(契約自由の原則)

　先程の事例について,もう少し専門的に説明をしましょう。

　電車に乗るかどうか,コンビニでサンドイッチを買うかどうか,というのは私の自由です。このように,契約を締結するかどうかは各人の自由に委ねられている,というのを契約自由の原則[3]と呼びます。

　民法521条1項には,

> 　何人も,法令に特別の定めがある場合を除き,契約をするかどうかを自由に決定することができる。

と書いてあり,この点が裏づけられています。

　つまり,「だれと」,「いつ」契約をするか(あるいはしないのか)は自由だ,ということです。JRに乗るのか地下鉄に乗るのか(「だれと」),7時に乗るのか10時に乗るのか(「いつ」)は自由なのです。

　次に,契約の内容自体も自由に決定することができます。

　民法521条2項には,

> 　契約の当事者は,法令の制限内において,契約の内容を自由に決定することができる。

3　潮見佳男『債権総論 I (第2版)』(信山社,2008年)(以下「潮見本」といいます)1頁参照。

と書いてあります。つまり，「どのような」内容で締結するかも自由，ということです。コンビニでサンドイッチを買うのか，おにぎりを買うのか，ジュースを買うのかは自由だ，ということです。

　このように，「だれと」，「いつ」，「どのような」内容で契約を締結するか，というのは一個人が自由に決められるのです。まずはこの点を覚えておきましょう[4]。

　そして，民法522条2項には，

　契約の成立には，法令に特別の定めがある場合を除き，書面の作成その他の方式を具備することを要しない。

と記載があります。

　これは「どうやって」契約を締結するかは自由だ，ということであり，特段必要な形式なく締結できる契約を諾成契約と呼びます。コンビニでサンドイッチを買う際に「サンドイッチ売買契約書」を締結しなくても契約は成立する，ということです。

　契約を締結するには，口頭でも，メールでも，FAXでも構わないし，契約書を締結する場合でも，その契約書に使う紙が，メモ帳の切り取りでもダンボールでも契約は成立するということです。

　この諾成契約はとても重要な原則なので，ぜひとも覚えておいてください。世の中のほとんどの契約が諾成契約であるからこそ，電子契約が可能になっているのです。

4　もちろん例外はあり，例えば殺人を依頼する契約など公序良俗（民法90条）に反するような契約は自由にはできません。

　ちなみに，諾成契約の逆は要式契約です[5, 6]。要式契約においては，書面によらないと契約が成立しない，ということになります。みなさんに馴染みのある契約では，保証契約が挙げられます。賃貸借契約や金銭の貸し借りの場面でよく保証人というのが出てきますが，保証契約はその際に使われる契約です[7]。保証契約（民法446条2項）では，

保証契約は，書面でしなければ，その効力を生じない。

とされており，書面で保証契約を締結しない限りは契約締結できないこととなっています（ただし，民法446条3項により電磁的記録，すなわち電子契約でも保証契約は締結できる，という規定がありますので結論として電子契約は可能です）。

5　要物契約もありますがここでは割愛します。
6　要式契約は正確には「一定の方式を備えていることが契約の成立要件とされている」契約のこと。潮見本2頁。
7　民法446条1項において「保証人は，主たる債務者がその債務を履行しないときに，その履行をする責任を負う」と規定されているように，主債務者が契約を履行しないときに責任を負う旨規定するのが保証契約です。

3　契約はいつ成立するのか？

では，契約というのはいつ成立するのでしょうか。

民法522条1項では，

契約は，契約の内容を示してその締結を申し入れる意思表示（以下「申込み」という。）に対して相手方が承諾をしたときに成立する。

とされています。

これは，契約というのは申込みと承諾という意思が合致したときに初めて成立する，ということを述べています。

申込みは上記のとおり「契約の内容を示してその締結を申し入れる意思表示」であり，承諾は，その申込みに対してその内容のまま受け入れるという意思表示です。

契約が「いつ」成立するのか，については，発信主義と到達主義という考え方があり，承諾の通知を発したときに成立するのか（発信主義），承諾の通知が申込者に到達したときに成立するのか（到達主義），という考え方の違いがあります。細かいので深入りは避けますが，現在の民法では「意思表示は，その通知が相手方に到達した時からその効力を生ずる」（97条1項）としているので，原則として到達主義を採用している，という点のみお伝えしておきます。

ちなみに，申込みと承諾は，常に明示的に意思表示されるわけではありません。先程の事例でいえば，コンビニで，

> 「サンドイッチください。」
> 「はい。200円です。」

という明示的な申込みと承諾がなされるケースもあります。この場合には，「はい」といった時点で契約が成立，と考えるべきでしょう。

　しかし，多くの場合にはここまで明示的なやり取りはありません。

　例えば，

> サンドイッチを手に持って，レジの前に差し出す。
> 店員はレジに金額を表示し「レジ袋はいりますか？」とだけいう。
> 「いいえ。スイカで」といってレジにピッとタッチする。

といったやり取りでサンドイッチを買うことになります。

　このような場合には，レジの前にサンドイッチを差し出して，レジに金額を示した時点で承諾があり契約が成立したと考えることができるでしょう。

　契約は申込みと承諾の意思が合致したときに成立するが，申込みや承諾は常に明示的に意思表示されるわけではない，という点は覚えておきましょう。

　電子契約の場合には，電子ファイルで相手方に合意するための文書が届き，相手はその内容を確認したうえで，通常，「署名」や「承認」ボタンなどを押して契約をすることになります。

　電子契約の成立時期については，まだ議論が尽くされている状況ではありません[8]。

　通常，電子契約サービスにおいては，「これで署名することになりま

すがいいですか？」という最終確認のメッセージが出ることになりますので、そこでOKボタンを押し、電子契約サービスを通じて相手方に承諾の意思表示が到達した時点、具体的には、（契約送信者がログインして見ることのできる）電子契約サービスの画面上でステータスが「完了」とか「締結済み」といった表示に変わった時点で、契約が成立した、と考えるのが妥当だといえます[9]。

8　経済産業省「電子商取引及び情報財取引等に関する準則」の6頁以下に、コンピュータ・ネットワークを介しオンラインで行われる契約（いわゆるEコマース等の電子商取引）の成立時期について、詳細な記載がありますのでご興味のある方は読んでみてください。
https://www.meti.go.jp/policy/it_policy/ec/20220401-1.pdf
9　多くの電子契約サービスでは、締結完了時に送信者と受信者の双方に締結完了したことを確認した旨のメールが送られます。

4 契約には紙もハンコも不要

　このように，「だれと」，「いつ」，「どのような」契約を「どうやって」締結するかは自由だということになると，紙とハンコはどこで出てくるのかというと，どこにも出てきません。書面での契約締結が必要な（例外的に要式契約となる）一部の契約類型を除けば，紙もハンコも不要なのです。

　それなのになぜ，みんな紙とハンコにこだわるのでしょうか？　この原因をメディアでは「ハンコ文化」のせいだ，というのですが，ではどうしてハンコ文化が根強いのでしょうか？

　もちろん様々な歴史的経緯も大きく影響していますし，さらには日本の印鑑登録制度が強く影響しているといえます。

　みなさんご存知のとおり，世の中で広く使われている制度に印鑑登録制度というものがあります。これは，個人や法人がある特定の印章の印影を登録（印鑑登録）し，重要な契約の場面や行政活動において，印鑑登録した印として利用するために設けられている制度です。

　この印鑑登録された印章を通称「実印」と呼んでいます。ただ，「実印」として印章を指すこともあれば，印影を指すこともあり，あまり区別されず使われています。

　みなさんも住宅ローンや法人での借入など金融機関との取引や，不動産売買の場面，そして登記の申請場面では，

「実印と印鑑証明を持ってきてください。」

「実印が押されたものをご用意ください。」

といわれたことがあると思います。

　実務上，重要な契約の場面においては，「本当にその人の意思であること」を後で容易に証明するために，印鑑登録された印章や印影が利用されているのですが，それはあくまで証拠の話であり，実体法上，契約が成立するかどうかという話とは無関係なのだ，という点を理解しておいてください。

【印鑑登録証明書サンプル】[10]

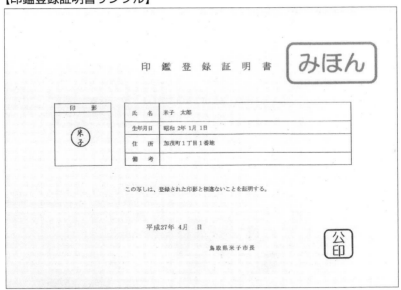

（出所）米子市HP

10　米子市HP　https://www.city.yonago.lg.jp/17579.htm

5 紙とハンコの出番が大幅に減る!?

　長らく日本の印鑑登録制度，印鑑証明と結びつき，確固たる存在感を示していた紙とハンコですが，この慣行について，政府は改めようとしています。

　長らく日本の印鑑登録制度，印鑑証明と結びつき，確固たる存在感を示していた紙とハンコですが，2020年のコロナ禍をきっかけにして大きく変わりました。コロナ禍をきっかけに2021年5月19日に公布されたデジタル改革関連法のうち，デジタル社会形成基本法の第1条（目的）には，

> 　この法律は，デジタル社会の形成が，我が国の国際競争力の強化及び国民の利便性の向上に資するとともに，急速な少子高齢化の進展への対応その他の我が国が直面する課題を解決する上で極めて重要であることに鑑み，デジタル社会の形成に関し，基本理念及び施策の策定に係る基本方針を定め，国，地方公共団体及び事業者の責務を明らかにし，並びにデジタル庁の設置及びデジタル社会の形成に関する重点計画の作成について定めることにより，デジタル社会の形成に関する施策を迅速かつ重点的に推進し，もって我が国経済の持続的かつ健全な発展と国民の幸福な生活の実現に寄与することを目的とする。

と規定されており，行政がデジタル化していくこと，デジタル庁を設置すること，そしてデジタル社会の形成に関する施策を重点的に推進していくことが示されています。

　そして，具体的に，デジタル社会の形成を図るための関係法律の整備に関する法律において，48の個別の法律が改正されたことで，各種押印・書面規制が撤廃または緩和されました。施行が一部後ろ倒しになっていた宅建業法などの不動産関連の法律も2022年5月18日に施行され，社会経済活動の大部分でデジタル取引が普及する準備が整ったといえます。

　ただ，ここで注意すべきは，書面規制の緩和は，「紙ではだめで電子化しなさい」ではなく「紙ではなくて電子化してもOK」という内容だということです。紙で契約締結している人が電子契約に変える義務があるわけではありません。

　もっとも，契約締結を書面で行うことの非効率性には多くの方が気づいているところですから，今後，ほとんどの契約において電子化が広く浸透していくとは予想されます。言い換えれば，今後，紙とハンコの出番がどんどん減っていく，ということになります。

6 さまざまな日本の印鑑

　日本には，実印のほかにもたくさんの印が存在しており，かなり混乱を招いていると思います。少し脱線しますが，ここで個別に説明をしてみなさんの頭の中を整理しておきたいと思います。

　まず，実印のほかに最もよく使われているのが，認印，角印というものです。

　認印は，実印以外の印鑑すべてを指すものといってよく，通常は，三文判といわれる安価に手に入るものが使われています。宅配便の受取りなど，日常的に生じるが，そこまで重要ではないものについて利用されています。以下は私の認印の画像です。

【認印の画像】

　角印は，請求書や見積書など，会社としての意思を何らかの形で示すべきときではあるが，実印を押すほどの重要性がない場合に利用されているものです。

　以下は当社の角印の画像です。

【角印の画像】

　また，認印と角印のほかにも，稟議書など，社内決裁書類においても，担当者の印を押す場面があり，この場合には担当者印などと呼ばれたりします。

　このように，実印のほかにも，認印，角印，担当者印などさまざまな印鑑が日常的に使われていますが，これらをひっくるめて「ハンコ」と呼んでいます。

　電子契約では，認印や実印などの区別が原則としてないので，その点でも混乱を生じやすいといえるでしょう。

　前述のとおり，ほとんどの契約は口頭でも締結できる諾成契約なのですが，一部だけ，諾成契約ではない類型の契約があります。こうした契約は，「書面」で実施するということが条文に明記してあるのですが，口頭ではなく書面で確実に意思表示を記録して残しておくことが求められる，という意味で，他の契約に比べて慎重な意思表示が求められる契約類型といえます。

　ただし，このような契約であっても，「電磁的記録」により締結可能と書いてあれば電子契約が可能なのですが，日常的に条文を読んでいる人でもない限り，そんな区別はつきません。

　基本的にはご自身のやっているビジネスに関連する法律に，書面によることを要する旨の条文があり，かつ，その例外として電磁的記録が認められていない類型のものがあるかどうかを見極めることが必要になります。

　以下では典型的なものについて見ていきたいと思います。

（1）書面によることが求められており，電磁的記録によってもよい旨の規定もないもの

　事業用定期借地権（借地借家法23条1項）や任意後見契約（任意後見契約に関する法律2条1号）は，法律上，書面[11]であることが求められており例外規定もないので，電子契約で行うことはできません（借地借

11　これら契約は単なる書面ではなく公正証書で締結しなければなりません。公正証書については後述コラム参照。

【電子契約フロー】

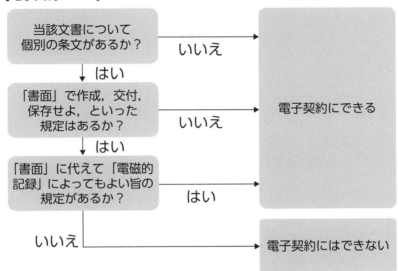

※ 「書面」を「電磁的記録」に代替できるか不明の場合には弁護士などの専門家や省庁に直接聞いてください。

家法23条3項，任意後見契約に関する法律3条）。デジタル改革関連法が施行される以前はこの類型に属する契約が一定数ありましたが，同法案施行に伴い，限られた類型の契約のみが書面による必要がある，ということになりました。

（2）書面によることが求められているものの，電磁的記録によってもよい旨の規定があるもの

前述の保証契約については民法446条2項に書面によることが求められていますが，同条3項で電磁的記録によってもよい旨の記載があり，電磁的記録でも問題ないとされています。

また，デジタル改革関連法案の施行前は定期建物賃貸借契約（借地借

家法38条1項前段）や定期借地契約（同法22条1項後段）については，書面によることのみが認められていましたが，デジタル改革関連法の施行により，電磁的記録によることも認められましたのでここに入ります（同法38条2項，22条2項）。

　また，下請法3条2項[12]のように，相手方の承諾があれば電磁的記録によることが認められる，という規定もあります。

（3）書面によらなければ契約が成立しないとまではいえないものの，書面によることが意味を有するもの

　例えば，書面による贈与は取り消すことができない（民法550条）とされており，書面によらなくても贈与契約自体は締結できるが，書面によると取消しができなくなります。このように，書面によらなくてもいいが，書面による場合とよらない場合で効果の違いが設けられているケースがあります。

12　下請法3条は以下のように規定しています。

> 　親事業者は，下請事業者に対し製造委託等をした場合は，直ちに，公正取引委員会規則で定めるところにより下請事業者の給付の内容，下請代金の額，支払期日及び支払方法その他の事項を記載した書面を下請事業者に交付しなければならない。ただし，これらの事項のうちその内容が定められないことにつき正当な理由があるものについては，その記載を要しないものとし，この場合には，親事業者は，当該事項の内容が定められた後直ちに，当該事項を記載した書面を下請事業者に交付しなければならない。
> 2　親事業者は，前項の規定による書面の交付に代えて，政令で定めるところにより，当該下請事業者の承諾を得て，当該書面に記載すべき事項を電子情報処理組織を使用する方法その他の情報通信の技術を利用する方法であつて公正取引委員会規則で定めるものにより提供することができる。この場合において，当該親事業者は，当該書面を交付したものとみなす。

電子化に相手の承諾は必要？

　前項で、「書面によることが求められているものの、電磁的記録によってもよい旨の規定があるもの」を取り上げましたが、より正確にいうと、相手の承諾があろうとなかろうと電磁的記録によってよいものと、相手の承諾があれば電磁的記録によってよいもの、に分かれます。承諾がないまま電子化すると問題になってしまう後者の類型には注意が必要です。

　相手の承諾があれば電磁的記録によることが認められるものとしては、
- 労働条件通知書（労働基準法施行規則5条4項ただし書）
- 親事業者から下請事業者へ交付される書面（下請法3条2項）
- 不動産取引（売買、賃貸等）における重要事項説明書（宅建業法35条8項・9項）
- 不動産売買等における売買契約書（宅建業法37条4項・5項）
- 定期建物賃貸借契約（借地借家法38条4項）
- 建設工事請負契約（建設業法19条3項）

などがあります。
　電磁的記録でやりとりされる場合、手元に紙が残りません。したがって、相手方保護が特に必要な場面では、相手の承諾を要求することによって、電磁的記録での交付のハードルを1段上げて、取引相手の保護を図っているといえます。
　上記以外にも電磁的記録によるために相手の承諾が必要な取引はありますので、電子契約を締結する際には留意しましょう。さらにいえば、相手の承諾が不要な取引類型で相手の承諾を取っておくことには全く問題はありませんので、実務上は、細かく条文を確認するのではなく、取引の都度、「電子契約でよいか？」と相手に確認し、承諾を取っておくやり方がよいと思われます。

8 今後，電子契約が盛り上がる業界（フリーランス保護新法など）

　前項までに述べてきたように，デジタル改革関連法の施行によって，ほとんどの取引類型は，電子契約で契約締結することが可能となりました。

　電子契約が進んでいる度合いは，業界によってまちまちですが，直近で法律改正がなされた分野，特に，契約書をしっかり締結していなかったのに締結することが今後求められるような業界では，電子契約は浸透していくと思われます。なぜなら，こうした業界は，それまで口頭やメールベースでの簡単な取引条件の確認しかしていなかったところ，法律によって契約条件の取り交わしが厳しく求められることになるからです。

　本項では，そうした具体的な業界として，フリーランス業界（フリーランス保護新法）とアダルトビデオ業界（AV新法）を見てみます。

（1）　フリーランス保護新法

　正式名称は「特定受託事業者に係る取引の適正化等に関する法律」といいます。社会の潮流として，フリーランスが増え続ける中，報酬の不払いや不当減額などが社会問題となってきました。

　そこで，政府が先頭に立ってフリーランスを保護しようということで2023年5月に公布されたのがフリーランス保護新法です。同法では，フリーランス（個人事業主と1人会社を指します。同法2条1項）に対して業務を発注する場合に，給付内容，報酬金額，支払期日など各種事項を書面または電磁的方法で明示する必要があります（書面規制，同法3

条本文）。これまでも，下請法には同種の規定があったのですが（同法
3条1項），下請法が適用になるのは資本金1,000万円超の発注者のみな
ので[13]，発注者が小さい企業の場合には，こうした規定の適用はありま
せんでした。それが，フリーランス保護新法には資本金による区別はあ
りませんので，フリーランスがフリーランスに発注する場合にも，この
書面規制は適用されてきます[14]。

　これは非常に大きなインパクトがあります。政府が主導して作った法
案ですから，実務上の取り締まりもしっかりとなされることが予想され
ます。これまで口頭やメールで適当に条件をやりとりしていた場合には，
対応を修正する必要があります。契約書をしっかり締結することが新た
に求められるこうした場面では，電子契約の活用が注目されてきますの
で，今後，フリーランスとの取引については電子契約が利用されること
が多くなると予想されます。

（2）　AV新法

　正式名称は「性をめぐる個人の尊厳が重んぜられる社会の形成に資す
るために性行為映像制作物への出演に係る被害の防止を図り及び出演者
の救済に資するための出演契約等に関する特則等に関する法律」であり，
AV出演被害防止・救済法や，AV新法と呼ばれています。2022年6月
に国会で成立し，同月に施行されました。

　アダルトビデオへの強制出演が問題となった社会背景を受けて制定さ
れたもので，アダルトビデオへの出演を依頼するにあたっては，契約前
にあらかじめ書面または電磁的方法により所定の事項を説明したうえで，
さらに契約締結には書面または電磁的方法を用いることが義務化された

13　業種によって資本金規制の内容は異なります。
14　書面規制以外にも取引適正化の規制や就業環境の整備の規制もあります。これらの
　　規制は発注者がフリーランスである場合は除外されていますのでご留意ください。

（同法4条1項・2項，5条1項）だけでなく，これらの説明と契約締結のいずれか遅いほうが行われた後1カ月を経過するまでは撮影を行ってはならない（同法7条1項），違反には罰則あり（同法20〜22条）という非常に厳しい規制がなされています。

　アダルトビデオ制作会社によっては，契約締結を早期に行うことが，ビジネスのスピードを早めることになります。本法律によって，アダルトビデオ業界では電子契約が急速に普及しつつあります。

＊　　＊　　＊

　フリーランス保護新法もAV新法も，契約締結を電子契約で行わなければならない，という規制ではありませんが，これまで契約をしっかりと締結してこなかった状態から契約を締結する状態にするためには，導入も容易で締結までのスピードも早い電子契約が選択される傾向にあります。ここに触れた2つ以外の業界でも，今後，法律改正に伴って電子契約が盛り上がりを見せていく業界が出てくることでしょう。

こらむ

公正証書って何？

　前述のように事業用定期借地権（借地借家法23条3項）は，公正証書によってしなければ効力を生じない，とされています。

　公正証書というのは一般の方には耳慣れない言葉ですが，公証役場という町中にある役場（公証人が執務する事務所）において，公証人に内容を伝え，所定の料金を支払うことによって作ることができるものです。「私人からの嘱託により，公証人がその権限に基づいて作成する文書」と定義されています[15]。

　公正証書は自分自身にも正本をもらうことができますが，公証役場に原本が保管されることになるので，後で争いになったときに覆される可能性が非常に低い契約方法だということができます。

　もともと書面によって締結すべき，という契約は，口頭などのカジュアルな形式ではなく，より慎重な意思表示が求められると考えられている契約ですが，公正証書によるべき契約類型というのは，さらに慎重な意思表示が求められる契約類型といえます。

　公正証書で締結する必要がある契約類型は多くはありませんが，以下のような契約が該当します。これらは電子契約で締結することはできませんので，十分注意してください。

- 事業用定期借地権（借地借家法23条3項）
- 任意後見契約（任意後見契約に関する法律3条）

15　法務省HP「公証制度について」http://www.moj.go.jp/MINJI/minji30.html

第3章

電子契約は裁判で証明できるのか？
～訴訟法上の基礎知識～

1 裁判ってどうやって進むの？ （裁判における３つのレベル）

　電子契約においては，「法律的に成立しているといえるのか」という点のほかに「争いになったときに裁判で有効なものと証明できるのか」という点が問題になります。ここでは，

> 　私（鬼頭）が忍者太郎に対して『ゼロからわかる電子契約の実務』（書籍）を1,000円で売った。この売買に際しては，両者連名の売買契約書を作成して双方が記名押印した。

という事例を前提にお話をしていきましょう。

【事例】

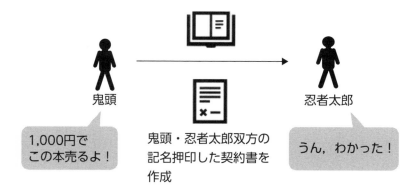

『ゼロからわかる電子契約の実務』

鬼頭　　　　　　　　　　　　　忍者太郎

1,000円でこの本売るよ！

鬼頭・忍者太郎双方の記名押印した契約書を作成

うん，わかった！

　最初に，裁判において通常の契約書がどのような扱いを受けるのか，という点を理解いただき，その後，電子契約ではどのような扱いを受けるのか，という点を理解いただければと思います。その前に，裁判がそもそもどうやって進むのか，という点についてお話をしていきます。

　裁判というのはすごく大雑把にいえば，以下のようなことが行われていくことになります[1]。

（1）原告が被告に対して何かの請求をする（損害賠償請求，明渡請求など）（請求のレベル）
（2）その請求に関して必要な事実の主張をする（主張のレベル）
（3）その主張について裏づける証拠を提出する（証拠のレベル）

（1）原告が被告に対して何かの請求をする（損害賠償請求，明渡請求など）（請求のレベル）

　例えば，上記事例でいえば，「私が忍者太郎に対して，書籍の代金1,000円を払え」と請求する。法律的にいえば，原告が被告に対して売買契約に基づく代金支払請求をするというのがこのレベルの話です。

　これによって，裁判所に対して，審判対象を明示する，つまり「この件について裁判してくださいよ」という部分を明らかにする，というレベルです。

（2）その請求に関して必要な事実の主張をする（主張のレベル）

　次に，審判対象となる権利や法律関係（訴訟物といったりしますが，

　1　より詳細な説明について，藤田広美『講義 民事訴訟（第3版）』（東京大学出版会，2013年）（以下「藤田本」といいます）13頁以下参照。

細かい話については本書では割愛します[2]）を基礎づける事実は何なのか，ということを明らかにしていく必要があります。先程の事例でいえば，「2020年7月1日，私が忍者太郎に対して『ゼロからわかる電子契約』を1,000円で売った」といった主張をしていくことになります。

　（1）のレベルと似ているように見えるのですが，（1）はあくまで「これについて裁判してください」という訴えの提起であり，このレベルはその訴えに理由があることを基礎づけるような事実の主張，という点が異なります。

（3）その主張について裏づける証拠を提出する（証拠のレベル）

　そして，単に主張するだけではダメで，「本当にそうなんだ」ということを証明していく，ということが必要になります。何によって証明するのかというと，証拠によって証明していくわけです。先程の事例でいえば，「2020年7月1日付けの売買契約書」といったものがここでいう典型的な証拠です。もちろん，それ以外にも，私（鬼頭）や忍者太郎の発言や，仮に第三者で取引に関わっている人がいれば（仲介人など），その人の証言も証拠になります。また，売買契約書を締結する前の段階で交渉していたのであれば，その交渉に関するメールやLINEの記載内容なども証拠になり得るわけです。証拠はこれでなければいけない，ということはなく，方法は特に制限されていません。

＊　　＊　　＊

　これらを簡単な図で表すと，以下のようなイメージになります。

2　藤田本16頁以下参照。

【3つのレベル】

請求のレベル
例：鬼頭が，忍者太郎に対して書籍の
　　代金1,000円を払え，と**請求**

主張のレベル
例：2020年7月1日，鬼頭が忍者太
　　郎に対して本を1,000円で売っ
　　た，と**主張**

証拠のレベル
例：2020年7月1日付けの売買契約
　　書，契約前後のメールなどを**証拠
　　提出**

　このうち，契約書や電子契約が登場するのは，主に（3）の証拠のレベル，ということになります。逆にいうと，契約書（紙）で売買しようが，電子契約で売買しようが，（1）や（2）は同じ話になります。

　つまり，従来の契約書を電子契約に移行するうえで，最も重要なのは，電子契約が証拠としてどのような取扱いを受けるか，証拠として大丈夫なのか，といった点になるわけです。

　契約書などの書面は，専門用語では，書証（民訴法の第4章第5節（219条以下））と呼ばれます。また，電子契約は書面ではないですが，準文書（民訴法231条の「情報を表すために作成された物件で文書でないもの」に該当）と呼ばれ，書証と同様の取調べ方法になります。

　そこで，これからは主に証拠のレベルの話をしていこうと思いますが，そこを理解するときに，民訴法上の基礎的な概念である，証明責任と自由心証主義については理解しておいてもらったほうがよいので，その点について事前知識としてお伝えします。少し難しい話になりますが，ここまで知っていると，会社で一目置かれるレベルになりますので，ぜひ読み飛ばさずについてきてください。

2 立証が下手だと「なかった」ことになる!?（証明責任）

　証拠のレベルにおいて，とても重要な概念が証明責任と自由心証主義です。あまり聞き慣れない言葉ですが，電子契約の理解にとって重要な概念なので概要だけご理解ください。

　まずは証明責任[3]について。

　訴訟において，ある事実が真偽不明の場合に，どういう扱いになるかというと，**真偽不明の場合にはその事実はなかったという扱いになります。**

　訴訟においては，双方が各々事実を主張して，当該事実の存在を基礎づける証拠を提出して争っていきます。ここでは通常，双方の主張は合致しないわけです。

　例えば，先程の事例でいえば，鬼頭の側は「『ゼロからわかる電子契約』（書籍）の売買契約を締結した」と主張するのに対して，忍者太郎の側は，「いやいや。売買契約なんて締結した覚えはない」，「売買契約は締結したけど，書籍を渡してもらっていないからお金は払わないよ」といった反論をしていくことになります。

　これらの主張に対して，双方が証拠を出していくことになるわけですが，双方の証拠を総合してもなお，裁判所にとって真偽不明（売買契約があったのかどうかよくわからない）ということが起きます。

　こうしたときに，裁判所として判断ができないことになってしまって

　3　講学上の定義は「自由心証主義の下，審理を尽くしても裁判官に要証事実の存否について確信を抱かせるまでに至らないときに，有利な法律効果を享受することができないという当事者の一方が負うべき不利益ないし危険」のこと。藤田本36頁参照。

は，裁判をして白黒つけようとした意味がなくなってしまい，当事者も裁判所も困るので，ある一定のルールが必要になるのです。

そこで，真偽不明の場合にはその事実はなかったという扱いにしよう，ということになるわけです。この真偽不明になった場合に当事者が負う不利益を証明責任と呼びます。

言葉の響きから何となくニュアンスはわかると思いますが，要するに，ある事実を証明する責任をいずれかの当事者が負う，という意味です。

では，どちらが証明責任を負うのでしょうか。

先程の事例で，鬼頭が「売買契約があったこと」の証明責任を負うのか，忍者太郎が「売買契約がなかったこと」の証明責任を負うのか。これが証明責任の分配なわけです。

この点については，権利の発生，変更，消滅を主張する側が証明責任を負う，と考えられています。専門用語で法律要件分類説などと呼ばれます[4]。

厳密に考えると難しい点もあるのですが，契約書や電子契約が問題となる場合には，何かしらの契約があったのか，なかったのか，ということが通常問題になるわけで，その場合には，権利の発生を示す側，契約を結んだのだ，と主張したい側が証明責任を負う，という形になります。ここはいろいろな例外があるところで，細かい点をいい出すときりがないので，「契約を締結したと主張する側が証明責任を負う」くらいの感覚でざっくりととらえていただいて構いません。

ですので，今回の事例の場合には，鬼頭が「売買契約を締結した」という事実の証明責任を負うことになるわけです。

そうすると，いろんな証拠を総合しても，裁判所が真偽不明，と考えた場合には，「売買契約はなかった」という扱いになるのです。これが

4　証明責任の分配と法律要件分類説の詳細について，藤田本58頁参照。

50

裁判のルールです。

【証明責任】

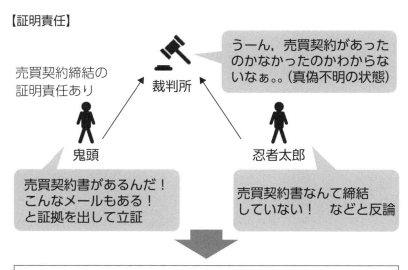

うーん，売買契約があった
のかなかったのかわからな
いなぁ。。(真偽不明の状態)

売買契約締結の
証明責任あり

裁判所

鬼頭

忍者太郎

売買契約書があるんだ！
こんなメールもある！
と証拠を出して立証

売買契約書なんて締結
していない！　などと反論

鬼頭の証明責任が果たされていないことになるので，売買契約
は「なかった」と扱われる（正確には，「売買契約があったと
は認められない」と扱われる）

　注意していただきたいのは，一点の曇りもない真実として，売買契約
が締結されたかどうか，ということを裁判所は判断するわけではないと
いうことです。極論をいえば，真実，売買契約を締結したのかどうかは
問題ではありません[5]。
　また，裁判所は，裁判に提出された証拠から見て，売買契約を締結し

　5　藤田本243頁によれば，「一点の疑義も許されない論理必然的証明（自然科学的証
　　明）ではなく，経験則に照らして全証拠を総合検討し，通常人が合理的な疑いを容れ
　　ない程度の心証をもって足りる」としており，いわゆる歴史的証明で足りる，としてい
　　います。少し難しい物言いですが，要するに一般人が「まぁ，そうだよね」と疑いな
　　く信じるくらいの証明の程度，ということです。

たと認定できるのかどうか，という点を判断しているのです。

　例えば，一点の曇りもない真実としては，売買契約はあったんだけれども，私（鬼頭）の立証活動が怠慢であったがゆえに，売買契約書があるのに証拠として提出せず，その他の証拠もろくに提出しない，というような状態であれば，真実にかかわらず，裁判上は，「売買契約を締結したとは認められない」と認定されることだって十分にあり得るわけです。立証が下手で失敗すると「なかった」ことになる，というのが裁判のルールです。

3 裁判所は証拠を出すタイミングすら見極める（自由心証主義）

　次に，証明責任と並んで理解しておいたほうがよい概念として自由心証主義があります。

　自由心証主義は民訴法247条に，以下のように記載されています。

　裁判所は，判決をするに当たり，口頭弁論の全趣旨及び証拠調べの結果をしん酌して，自由な心証により，事実についての主張を真実と認めるべきか否かを判断する。

　この条文がいいたいことは，裁判所は，事実の認定にあたって，証拠調べの結果だけではなく，それ以外のさまざまな事情を総合的にしん酌して，判断をしていいですよ，ということです。

　口頭弁論の全趣旨というのが少しわかりにくいですが，裁判に出てきたすべてのこと，くらいの感覚でとらえておいていただいて構いません。

　例えば，全く同じ証拠が出されたとしても，裁判の最初からその証拠が出ていたのと，裁判が終わる間近になってその証拠が出てきたのとでは，評価するときの意味合いが違うと判断してよいよ，という立て付けになっているのです。証拠を出すタイミングですら，裁判所の心証（心の中の印象のこと）に影響を与え得るという立て付けになっているのです。これが裁判所ごとに認められているので，当然，裁判所によって判断が異なる，ということも起きるわけです。

　もちろん，この自由心証主義も無制限ではなく，「この人はこんな顔

【自由心証主義】

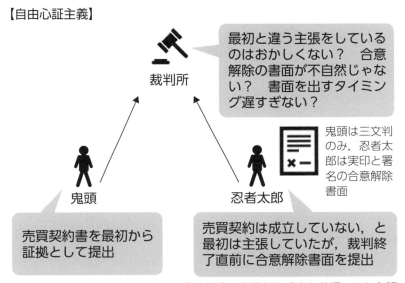

裁判所は，証拠そのもの以外に，当事者の主張の変遷や，証拠提出のタイミングなども考慮に入れ，自由な心証によって「売買契約が締結されたか」を認定できる＝自由心証主義

だから売買契約を締結したんだろう」といったような，およそ経験則に反したような認定はしてはいけない，ということになっています。

　先程の事例でいえば，自由心証主義の下では，

・鬼頭が証拠として最初に売買契約書を出した。
・忍者太郎は，最初は売買契約の成立を否定していたのに，後に売買契約書の合意解除（双方の合意により売買をなかったことにする旨の合意）の書面を出して合意解除の主張をしてきた。忍者太郎の合意解除

> の書面と主張は裁判の終了寸前になって突然出てきた。
> ・合意解除の書面には鬼頭のサインはなく三文判のみ押捺してあり，忍者太郎のものはサインと実印の押捺があった。

といった場合に，提出書面の内容だけでなく，出してきたタイミングや主張が変遷しているなどの事情を総合的にしん酌して「売買契約を締結したかどうか」を認定する，ということになります。

　上記の事例では，忍者太郎は，自らは実印を押しているのに相手は三文判しか押していない，という点や，なぜ裁判の終了直前になって突然これまでと違う合意解除の主張をしてきたのか，といった点がかなり不自然ですよね。本当は合意解除はなくて，でっちあげたのではないか，というような疑念を抱かせるわけですが，その前提としては，証拠を出してきたタイミングなど，証拠そのものではない部分も加味されているよ，というのが自由心証主義，ということになります。

契約書の立証はスタートラインに立つことが先決（形式的証拠力）

　裁判の３つのレベルや証明責任，自由心証主義の概要を理解したら，いよいよ契約書による立証活動の話に入っていきましょう。このあたりから電子契約とも大いに関連してくる部分になります。

　先程の事例では，鬼頭が，「売買契約を締結した」ことの証明責任を負う立場にある，といいました。

　ここで，売買契約書がある場合には，鬼頭が，売買契約書を証拠として提出していくことになります（豆知識ですが，原告は甲○号証など「甲」付けで，被告は乙○号証など「乙」付けで証拠を提出していくことになります）。

　売買契約書は文書による証拠ということで，書証というカテゴリに分類されるのですが，民訴法219条により，

> 書証の申出は，文書を提出し（中略）てしなければならない。

となっており，文書を裁判所に提出する必要があります。具体的には，売買契約書を裁判所に提出することになります（実務上は，コピーを提出して，原本は期日に持参して裁判所に見せる，というような運用が一般的です）。

　ここで，書証については，重要な注意点があります。民訴法228条１項により，

> 文書は，その成立が真正であることを証明しなければならない。

とされているのです。

「成立が真正」といわれても何のことかわからないと思います。簡単にいうと，「この人が作ったよ（書いたよ）」ということを証明しなければならない，ということです。ある文書（書証）が，特定人の意思に基づいて作られたものだということを立証しなければならない，ということです。

先程の事例でいえば，売買契約書は鬼頭と忍者太郎の連名で作成されていますから，鬼頭と忍者太郎の双方の意思によって売買契約書が作られた，ということを証明しなければならない，ということです。これは証拠を提出した側が責任を負うことになります。

この成立の真正は，形式的証拠力[6]の問題といわれています。形式的に証拠として取り扱うことが可能か，という証拠としてのスタートラインに立つことができるか，という問題です。形式的証拠力の対概念は実質的証拠力[7]です。形式的証拠力はそもそも証拠として使ってよいのかどうかという話，実質的証拠力は証拠としてどの程度の価値があるのか，という話です。

言い方を変えれば，形式的証拠力が認められても，あくまで単なるスタートラインですので，そこに記載の内容が真実であると裁判所が認定する必要はありません。

先程の事例でも，売買契約書の成立の真正が認められたからといって，

---

[6] 藤田本249頁「形式的証拠力とは，文書が，挙証者の主張どおりの特定人の思想（事実認識，意思等）の表現と認められること」。

[7] 藤田本249頁「実質的証拠力とは，文書の思想内容が係争事実の認定に役立ち得ること」。

【形式的証拠力】

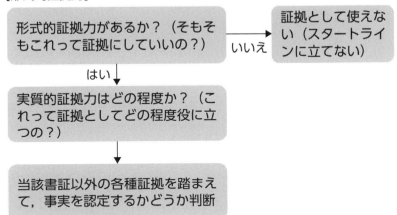

実質的証拠力があっても必ず何らかの事実が認定されるわけではない

100％売買契約の成立が認められるわけではありません[8]。

　まずは成立の真正を証明し，形式的証拠力を獲得してスタートライン
に立った後に，実質的証拠力を判断していくという順序になります。

　裁判において，忍者太郎が売買契約書について「自分と鬼頭が作成し
たものに間違いないです。」と認めれば成立の真正は問題なく認められ
ますが[9]，忍者太郎が，「いや。この売買契約は自分が署名捺印したもの
ではない。」といった成立の真正を否認する旨述べると，「この売買契約
書は成立の真正が認められるのか。」を裁判所が判断しなければならな

8　もっとも，売買契約書は処分証書という種類の文書にはなるので，通常は特段の
　　事情のない限り，売買契約の成立は認められます。

9　講学上は補助事実の自白と位置づけられるので，厳密には裁判所を拘束しません
　　が，細かい点なのでここでは割愛します。

【成立の真正】

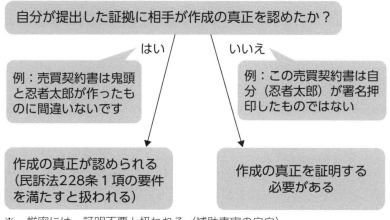

自分が提出した証拠に相手が作成の真正を認めたか？

はい　　　　　　いいえ

例：売買契約書は鬼頭と忍者太郎が作ったものに間違いないです

例：この売買契約書は自分（忍者太郎）が署名押印したものではない

作成の真正が認められる（民訴法228条1項の要件を満たすと扱われる）

作成の真正を証明する必要がある

※　厳密には，証明不要と扱われる（補助事実の自白）

まずは相手が作成の真正を認めるか，というのが重要

いことになります。

　ここでは，成立の真正はあくまでスタートラインの問題にすぎない点，また，相手が成立の真正を認めれば証明せずともスタートラインに立てるという点をご理解ください。

ハンコで立証が容易になる!?（私文書の成立の真正）

　では，先程の事例で，忍者太郎が売買契約書の成立の真正を否認した場合について考えていきましょう。今回の鬼頭と忍者太郎は両名とも私人ですので，私人間で作成された文書は「私文書」と呼ばれます。

　私文書の成立の真正については，民訴法上，とても重要な規定があります。民訴法228条4項には，

> 　私文書は，本人（中略）の署名又は押印があるときは，真正に成立したものと推定する。

となっています。私文書において，「本人」の「署名」または「押印」があるときは，真正に成立したものと推定する，という規定が置かれているわけです。

　このうち，「署名」というのは基本的には手書きでサインすることを指します。海外の契約などは基本的にサインですので，ペンで氏名を自署する場合が典型的なケースです。

【サインの例】

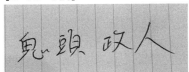

　問題は，「押印」のほうです。ここで初めてハンコが出てきました！（ようやくです。前提として理解すべき知識が多いですよね。お疲れ様です！）

　ここでいう「押印」というのは，解釈上，「意思に基づく押印」と解されています（「押印」って書いてあるのに「意思に基づく押印」という意味だと読む，というのが解釈です。単に印鑑を押してある状態ではないのでご注意ください）。

　つまり，本人の意思に基づく押印がある場合には，228条4項により，その文書が真正に成立したものと推定されるわけです。

　ここで推定という概念が初めて出てくるのですが，実は推定にもいろいろあり（ややこしいですね），ここでの推定は，「意思に基づく押印があったらその人の意思に基づいて作られたものであることにしよう」という一種の法定証拠法則である，と考えられています[10]。

　法定証拠法則は少し難しい概念なので補足します。先程見たとおり，基本的には自由心証主義で，裁判所が自由な心証に基づいて判断していいのだけれど，この私文書の成立の真正の場面では，意思に基づく押印がある場合には，文書の成立の真正があったものとして扱ってしまおうよ，と考えられているということです。

　先程の事例でいえば，売買契約書に，鬼頭の印と忍者太郎の印が，各々の意思に基づいて押印してあるのであれば，その売買契約書は成立の真正が推定されるということになります。

　つまり，ハンコが押してあることにより立証活動が容易になるわけです。この規定の具体的な内容を知っている方は法律の専門家以外ではほとんどいないと思いますが，法律上，ハンコが優遇されている，という印象を多くの方が持っているとすれば，その一因はこの規定にあるのだ

10　藤田本112頁参照。

と思います。ここでいうハンコは実印のみを指すものではなく，認印で
も民訴法228条4項にいう「（意思に基づく）押印」に当たり得る，と解
釈されています[11]。

　なお，ここで気をつけていただきたいのは，ハンコが押してあるから
必ず成立の真正が証明できる，という意味ではないということです。

　ハンコが押してあっても，盗用されたものであれば，「意思に基づく
押印」とはいえないですし[12]，「意思に基づく押印」であったとしても，
周りに怖い人がいて強迫されてハンコを押した，という場合だってあり
得ます。相手方がそうした事実を立証し，ハンコは意思に基づいて押印
されたのかどうか真偽不明という状態になれば，売買契約書の成立の真
正は覆される，ということです。

11　押印についてのQ&A（内閣府，法務省，経済産業省）「問5. 認印や企業の角印に
　ついても，実印と同様，「二段の推定」により，文書の成立の真正について証明の負担
　が軽減されるのか」「「二段の推定」は，印鑑登録されている実印のみではなく認印に
　も適用され得る（最判昭和50・6・12裁判集民115号95頁）」の部分参照。
12　これは厳密には次のコラムで述べる二段の推定に関連する話です。

二段の推定

　民訴法228条4項では，意思に基づく押印があれば，その私文書の成立の真正が推定される，という点は先程解説しました。ただ，実はここには一歩進んだ応用知識があります。

　それが，「二段の推定」と呼ばれる概念です。

　「意思に基づく押印」と一口にいっても，じゃあどうやって「意思に基づく押印」といえるんだ，という話になるわけですが，これは実は判例で，

> 　文書中の印影が本人……の印章によって顕出された事実が確定された場合には，反証のない限り，当該印影は本人……の意思に基づいて成立したものと推定する

とされています（最判昭39・5・12民集18巻4号597頁）。

　これは，押印部分（上記判例でいう「文書中の印影」）が本人の持っているハンコ（上記判例でいう「本人の印章」）によって作出された場合には，「意思に基づく押印」であると推定しましょう，ということです。

　そして，「意思に基づく押印」であると推定されるとすると，さらに228条4項の規定によって，「意思に基づく押印」があるので成立の真正が推定される，という構造になります。

【本人のハンコによる押印】

作成の真正を推定

本人の意思でハンコを押してあるなら，本人の意思でその文書を作ったんだろう，という推定

２段目の推定　228条４項が根拠

本人の意思に基づく押印と推定

本人のハンコが押してあるなら，本人の意思でやったのであろう，という推定

１段目の推定　判例が根拠

本人のハンコ（印章）による印影

※　推定が２回重なって作成の真正が推定される仕組みなので「二段」の推定という[13]。
※　２回ともあくまで推定なので，覆すことは可能。例えば１段目についてはハンコの盗用，２段目については白紙のときに押印した，など。
※　二段の推定は押印の場合のみ。署名の場合には二段の推定の話にならない。

　上記の図のように推定が積み重なっていくのです。かなり細かいので，「ふーん，なんかハンコがあるといろいろ推定されるのか」くらいの感覚で全く問題ないのですが，条文と判例によって，ハンコや押印に一定の効力が与えられている，という点は覚えておいてください。
　ハンコと電子契約の最も大きな違いは実はここにあったりもするので（電子契約のタイプによりますが），「二段の推定」という言葉そのものは覚えておくと有用です。
　余談ですが，司法試験に合格して弁護士などの法曹になるための修行期間である司法修習という実習期間においては，この「二段の推定」に関する事実認定をイヤというほどやることになりますので，もしこうした議論にも興味がある，という方は司法試験に向いている可能性が高いので，ぜひ法曹への道を検討してみてください。

13　藤田本254頁参照。

---

6 ハンコは実は最終兵器
（契約書の印が問題となる場合）

　少し難しい概念が続いたので，先程の事例に基づいて，契約書を証拠として提出する場合に，どのような立証活動が繰り広げられるのか，という点について解説をしていきましょう。

　まず，鬼頭が忍者太郎と売買契約を締結し，忍者太郎が問題なく，書籍の代金を支払ったのであれば問題はありません。契約書があろうがなかろうが，特に問題は生じません。

　忍者太郎が売買代金を支払わない場合には，鬼頭は忍者太郎に裁判外で「売買代金を支払ってほしい」と請求することになります。これで忍者太郎が応じればそれでよし，応じなければ裁判に移行することになります。

　裁判になると，鬼頭が「売買代金の支払請求」という形で，裁判所に対して訴えを提起します。その中では，鬼頭と忍者太郎が「いつ」，「どのような」内容の契約を締結した，という主張をしていきます。そして，その主張を裏づけるための証拠として，売買契約書を提出することになります。

　鬼頭の主張・立証に対して，忍者太郎が「売買契約はたしかに締結しました」，「売買契約書はたしかに私が作成しました」と述べるのであれば特に問題はありません。売買契約書を単に提出すればいいだけです。

　ここで忍者太郎が，「いえ。売買契約は締結していません。売買契約書の押印は私がしたものではありません」といった主張をすると，初めて民訴法228条4項や二段の推定の問題となり，この「押印」が忍者太郎の印の押印であるから忍者太郎が作ったものなのだ，という立証を鬼

頭がしていく必要が生じることになります。

　要するに，売買契約書の印が問題となる民訴法228条4項の登場場面はかなり後ろだ，ということです。通常は自分の印が押してあれば自分の意思に基づくものであることは認めるでしょうから，二段の推定の出番というのは実は限られてはいます（親子で勝手に印鑑を持ち出して保証契約を締結した，といったある特定のケースについては一定数生じるのですが，全体の母数としては多くありません）。ハンコというのは実は裁判における最終兵器の位置づけとなります。

【ハンコの登場まで】

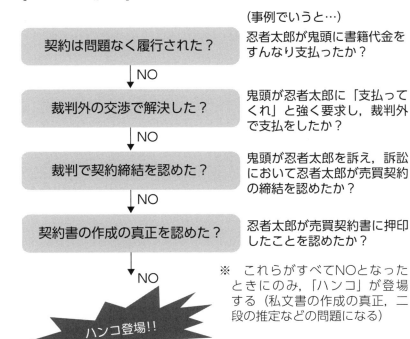

（事例でいうと…）

契約は問題なく履行された？
忍者太郎が鬼頭に書籍代金をすんなり支払ったか？

↓NO

裁判外の交渉で解決した？
鬼頭が忍者太郎に「支払ってくれ」と強く要求し，裁判外で支払をしたか？

↓NO

裁判で契約締結を認めた？
鬼頭が忍者太郎を訴え，訴訟において忍者太郎が売買契約の締結を認めたか？

↓NO

契約書の作成の真正を認めた？
忍者太郎が売買契約書に押印したことを認めたか？

↓NO

ハンコ登場!!

※　これらがすべてNOとなったときにのみ，「ハンコ」が登場する（私文書の作成の真正，二段の推定などの問題になる）

　もちろん，最終兵器だから不要だ，という意味ではありません。ハンコがあるから安心して契約を進められる，という事情はありますので，そういう意味ではとても重要なものですが，ハンコがない限り何も話が進まない，裁判でも絶対勝てないということではないという点をご理解いただきたいと思っています。

7　電子契約の取扱い

　ここまでは，電子契約を理解する前提として，紙の契約の場合，裁判ではどうなるのか，という点について主に説明をしてきました。では，電子契約の場合，どのような取扱いになるのでしょうか？

　先程の事例が以下のようであったとしましょう。

　私（鬼頭）が忍者太郎に対して『ゼロからわかる電子契約の実務』（書籍）を1,000円で売った。この売買に際しては，電子契約サービスを利用して契約を締結した。

【事例】

『ゼロからわかる電子契約の実務』

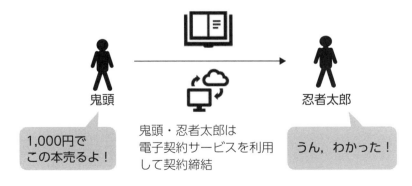

　売買契約は要式契約ではなく諾成契約ですから，契約書で締結しようが電子契約で締結しようが，問題なく有効です。

　そして，忍者太郎がすんなり売買代金を支払ったり，裁判外の交渉で支払をしたりした場合には，裁判にいかずに解決するわけですから，紙の契約書の場合と違いはありません。

　では，そういった流れでは解決せず，裁判に移行した場合には，電子契約はどのような扱いになるのでしょうか。

　ここでも，裁判の３つのレベルや証明責任，自由心証主義といった原則部分は特に紙の契約書と違いはありません。違いが出てくるのは，証拠調べの部分です。

　電子契約で締結した文書は，紙そのものではないので，ストレートに書証（民訴法219条）には該当しないのですが，民訴法231条により，

　この節の規定は，図面，写真，録音テープ，ビデオテープその他の情報を表すために作成された物件で文書でないものについて準用する。

とされていますので，いわゆる準文書として，書証と同様の取調方法がとられることになります。

　そうなると，当然民訴法228条１項により成立の真正を証明することも必要になってくるわけです。

　ここで，電子契約と一口にいっても，さまざまなタイプの電子契約があることは前に述べました。当事者電子署名型サービス，立会人電子署名型サービス，それら以外の電子認証サービスです。すでに概要については述べましたが，裁判での取扱いという観点から，以下，詳細に述べていきます。

8　20年の伝統——当事者電子署名型サービス

　2001年に施行された電子署名法において中心的なサービス形態として想定されていたのが，この当事者電子署名型サービスです。20年以上もの伝統を持つサービス形態であるといえます。

　契約当事者のそれぞれが各々の電子証明書と秘密鍵を用いて電子署名（次章で詳細を説明）するサービスが，こちらのサービスです。電子署名の技術的基盤については次章でお話ししますが，すごく簡単にいえば，電子ファイルに，「これは私が作ったものですよ」とサインするようなものです（「だれが」，「何を」を担保するような措置を施します）。

　当事者電子署名型サービスの場合，電子署名法が深く関係してくることになります。たびたび出てくる電子署名とは何か，電子契約とどう関

【当事者電子署名型サービス】

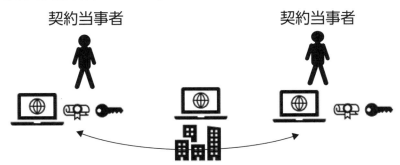

契約当事者　　　　　　　　契約当事者

- 契約当事者双方が各々の電子証明書と秘密鍵を用いて電子署名
- 電子契約サービスの提供者は電子署名しない

係するのか，など疑問を持っていらっしゃる方も多いと思います。

　まず，電子署名法2条には以下のように「電子署名」が定義されています。

> 　この法律において「電子署名」とは，電磁的記録（電子的方式，磁気的方式その他人の知覚によっては認識することができない方式で作られる記録であって，電子計算機による情報処理の用に供されるものをいう。以下同じ。）に記録することができる情報について行われる措置であって，次の要件のいずれにも該当するものをいう。
> 一　当該情報が当該措置を行った者の作成に係るものであることを示すためのものであること。
> 二　当該情報について改変が行われていないかどうかを確認することができるものであること。

　電磁的記録というのは要するにコンピューターで処理する情報，くらいの意味合いです。コンピューター上に記録することができる情報について行われる措置のうち，

> 一　当該情報が当該措置を行った者の作成に係るものであることを示すためのものであること　＝　本人性
> 二　当該情報について改変が行われていないかどうかを確認することができるものであること　＝　非改変性

といった本人性と非改変性の両方が満たされて初めて「電子署名」といえる，というのが電子署名法2条の定義です。

　要するに，「だれが」，「どのような」内容について行ったのかを電磁的記録に記録する，ということが必要になります。

　これがどのような技術的基盤に沿って行われるのか，という話は次章

で詳しく述べますが，要するに，この条件を満たすような本人の「電子署名」がなされていればいいわけです。

この「電子署名」の定義は，実はかなりいろいろな法律に引用されていますので（100を超える法律に電子署名法の「電子署名」の定義が引用されています），2条の「電子署名」に該当するのであれば，他の法律の「電子署名」にも該当する，という関係にあります。

また，電子署名法は，その3条において，

　電磁的記録であって情報を表すために作成されたもの（公務員が職務上作成したものを除く。）は，当該電磁的記録に記録された情報について本人による電子署名（これを行うために必要な符号及び物件を適正に管理することにより，本人だけが行うことができることとなるものに限る。）が行われているときは，真正に成立したものと推定する。

としています。

もう少しシンプルにまとめると，

---

①　電磁的記録のうち情報を表すために作成されたものであること
②　上記に記録された情報について本人による電子署名（これを行うために必要な符号および物件を適正に管理することにより，本人だけが行うことができることとなるものに限定）が行われていること

の2つの条件が整ったときに，真正に成立したものと推定する，となっています。

このうち①の要件については，インターネット上で作成されたもので

72

あれば当然に当てはまりますので，特に問題にはなりません。

　重要なのは②です。２条の「電子署名」の中でも，「本人の電子署名」であって「これを行うために必要な符号及び物件を適正に管理することにより，本人だけが行うことができることとなるもの」限定で，３条の効力，つまり，成立の真正の推定という効力が与えられる，という立て付けになっています[14]。

　当事者電子署名型サービスでは，通常，十分な強度の暗号化技術を用いて本人の電子証明書と秘密鍵（次章で説明します）を発行して「本人の電子署名」がなされますので，この②の要件も問題なく満たすことになります。

　現在，リリースされている当事者電子署名型サービスでは，ほとんどのサービスがこの３条の①と②の要件を満たすと考えられるので，こうしたサービスで締結した電子契約は，成立の真正が推定される，という効力（推定効，などと呼ばれたりします）を持つことになります[15]。

　当事者電子署名型サービスは，電子署名法がもともと想定しているタイプの電子契約であり，電子署名法２条や３条がストレートに想定しているサービス形態です。

　こう述べると，良いことばかりに思えるかもしれませんが，実はデメ

---

14 この電子署名法３条の②の要件を厳密にいうと，②－１「本人による電子署名（これを行うために必要な符号及び物件を適正に管理することにより，本人だけが行うこととができることとなるものに限る。）」が行われていること，②－２「当該電子署名が本人（電子文書の作成名義人）の意思に基づき行われたものであること」の２つに分けられるのですが，ここまで仔細に説明すると逆に混乱を招くと思いますので，ここでは厳密な解釈の部分は割愛します。「利用者の指示に基づきサービス提供事業者自身の署名鍵により暗号化等を行う電子契約サービスに関するＱ＆Ａ（電子署名法第３条関係）」(http://www.moj.go.jp/content/001327658.pdf?fbclid=IwAR1yaAl19ivg-UnmdCNP7Px5d3TcfKSNHhqSBhIXTogQu9nttKEH7yxfBWc) の問１にこの点が詳述されていますので，ご参照ください。

15 当事者電子署名型サービスにもさまざまな類型がありますので，個々のサービスが電子署名法３条の要件を満たすかどうかについては，個々のサービス提供事業者に直接確認することが必要です。ご留意ください。

リットもあります。何度か述べてきているように，当事者双方が電子署名を行うという時間と手間と費用のハードルが高いのです。

　具体的には，まず，双方が電子証明書を取得する必要があるという点が手間です。電子証明書は認証事業者が発行するのですが[16]，最初に電子証明書の発行を受ける際には，本人確認資料などの提出が必要になります。役所で印鑑登録をするときに，本人確認資料などを提出するのと同じです。電子契約を求める側はすでにこの手続を終わらせていますが，相手が電子契約を経験したことがない場合，このプロセスを強いることになります。たとえていうならば，「電子契約のために新しく印鑑登録してね。オンラインで」というようなものです。これは面倒ですね。

　電子証明書は数年程度しか有効期間がないうえ[17]，発行には費用がかかります[18]。ハンコには有効期限はありませんし，通常は設立時に作っていますから，新たに費用がかかることもありません。そうなると，手続が煩雑なうえに，ハンコよりも有効期限が短く費用もかかる，という形になってしまいます。

　この，手間，有効期間，費用といったボトルネックがあるがゆえに，2001年の電子署名法施行から20年が経過した今でも，当事者電子署名型サービスがなかなか広く一般には普及していないのです[19]。

16　特定認証業務（電子署名法2条3項），認定認証業務（同法4条1項）など，実は認証局にも種類があるのですが，ここを深く解説すると逆に理解がしにくくなるので，割愛します。詳しくは電子署名に関するデジタル庁HP参照。https://www.digital.go.jp/policies/digitalsign/

17　電子署名法施行規則6条4号参照。

18　サービスにより異なりますが，年間1万円前後が相場。登記に関する電子証明書の発行手数料につき法務省HP参照。http://www.moj.go.jp/MINJI/minji06_00028.html

19　当事者電子署名型サービスの中にも，自分自身で電子証明書や秘密鍵を保管して利用している場合（パソコンやICカードで保管するのが通常）と，自身の電子証明書や秘密鍵を他社が提供するサービス上で保管して利用する場合に分かれ，後者はリモート署名と呼ばれます。

9 最近の定番——立会人電子署名型サービス

　当事者電子署名型サービスに対して，最近，大きなシェアを占めているのがこの立会人電子署名型サービスです。

　当事者それぞれではなく，当事者の承認後，電子契約サービスの提供者が，いわば立会人として，当該提供者の電子証明書を用いて電子署名するのがこのサービスです。

　この立会人電子署名型サービスでは，当事者は電子証明書を取得する必要がないので，当事者電子署名型サービスのボトルネックとなっていた手間，有効期間，費用といった点が解消されることになります。

【立会人電子署名型サービス】

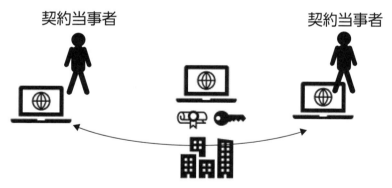

- 契約当事者双方は電子署名しない（パソコンなどの電子機器を使うのみ）
- 電子契約サービスの提供者が立会人として電子証明書と秘密鍵を用いて電子署名する

　一方で，当事者電子署名型サービスとは異なり，当事者それぞれは電子署名をせず，立会人のみが電子署名をするにすぎないので，2条の「電子署名」の定義に当てはまらない，それゆえ，電子署名法3条にいう「本人による電子署名（これを行うために必要な符号及び物件を適正に管理することにより，本人だけが行うことができることとなるものに限る。）」にも当てはまらない，と考えられてきました。簡単な代わりに法的根拠が弱いサービス，として考えられてきたわけです。

　この点については，2020年5月12日，規制改革推進会議の分科会に当たる成長戦略ワーキング・グループにおける省庁の回答[20]（太線下線部は筆者）において，

> Q（抜粋）：加えて，民間事業者間の契約において活用が進んでいる一部の**電子契約事業者が利用者の指示を受けて自ら電子署名を行うサービ****ス**についても，電子署名法第三条による電磁的記録の真正な成立の推定を得られるよう，必要な措置を検討すべきではないか。
>
> A（抜粋）：ご指摘の「電子契約事業者が利用者の指示を受けて自ら電子署名を行うサービス」について，現行法下での規律を説明すると，上述の通り，電子署名法第三条の推定効が働くためには，電磁的記録の作成者本人による電子署名が必要である。**当該サービスは，契約当事****者ではなく，電子契約サービス提供事業者が，当該事業者自身の秘密****鍵を用いて電磁的記録に電子署名を行うものであることから，**当該電磁的記録の作成者を当該契約当事者とする場合には，**同条の「本人に****よる電子署名」には当たらず，推定効**[21]**は働き得ない**と認識している。

76

とされていることから，省庁として当該時点ではこうしたスタンス（立会人電子署名型サービスは電子署名法3条の要件を満たさないスタンス）であったものと思われます。

　しかしながら，この流れが最近の一連の規制改革の流れによって一変しています。規制改革推進会議の2020年7月2日の答申[22]（太線下線部は筆者）においては，

---

b　総務省，法務省及び経済産業省は，サービスの利用者が作成した電子文書について，サービス提供事業者自身の署名鍵による暗号化を行うこと等によって当該文書の成立の真正性及びその後の非改変性を担保しようとするサービスであっても，当該サービスの利用者の意思に基づきサービス提供事業者の判断を交えず機械的に行われることが技術的・機能的に担保されたものがあり得るところであり，このようなサービスに関して，<u>**電子署名法第2条第1項第1号の「当該措置を行った者」の解釈において，当該サービスの対象となる電子文書に付された情報の全体を1つの措置として捉え直してみれば，当該サービスの利用者が当該措置を行ったと評価できる**</u>ことについて，その考え方をQ&A等で明らかにし，広く周知を図る。

c　総務省，法務省及び経済産業省は，電子署名に対し，民事訴訟において署名・押印同様の推定効を定める<u>**電子署名法第3条の在り方に関して，サービス提供事業者が利用者の指示を受けて電子署名を行うサービスなどについても一定の要件を満たせば対象となり得る**</u>ことに関して，その考え方を明らかにする。

と記載されており，これを受けて同月17日に開示された「利用者の指示に基づきサービス提供事業者自身の署名鍵[23]により暗号化等を行う電子

22　規制改革推進に関する答申（令和2年7月2日）16頁。
　　https://www8.cao.go.jp/kisei-kaikaku/kisei/meeting/committee/20200702/200702honkaigi01.pdf

契約サービスに関するQ＆A」（太線下線部は筆者）においては，

> Q２．サービス提供事業者が利用者の指示を受けてサービス提供事
> 業者自身の署名鍵による電子署名を行う電子契約サービスは，電
> 子署名法上，どのように位置付けられるのか。

（中略）

- 電子署名法第２条第１項第１号の「当該措置を行った者」に該当する
ためには，必ずしも物理的に当該措置を自ら行うことが必要となるわ
けではなく，例えば，物理的にはＡが当該措置を行った場合であって
も，Ｂの意思のみに基づき，Ａの意思が介在することなく当該措置が
行われたものと認められる場合であれば，「当該措置を行った者」はＢ
であると評価することができるものと考えられる。

- このため，利用者が作成した電子文書について，サービス提供事業者
自身の署名鍵により暗号化を行うこと等によって当該文書の成立の真
正性及びその後の非改変性を担保しようとするサービスであっても，
技術的・機能的に見て，<u>サービス提供事業者の意思が介在する余地が
なく，利用者の意思のみに基づいて機械的に暗号化されたものである
ことが担保されていると認められる場合であれば，「当該措置を行った
者」はサービス提供事業者ではなく，その利用者であると評価し得る</u>
ものと考えられる。

- そして，上記サービスにおいて，例えば，<u>サービス提供事業者に対し
て電子文書の送信を行った利用者やその日時等の情報を付随情報とし
て確認することができるものになっているなど，当該電子文書に付さ
れた当該情報を含めての全体を１つの措置と捉え直すことによって，
電子文書について行われた当該措置が利用者の意思に基づいているこ
とが明らかになる場合には，これらを全体として１つの措置と捉え直
すことにより，「当該措置を行った者（＝当該利用者）の作成に係るも
のであることを示すためのものであること」という要件（電子署名法
第２条第１項第１号）を満たすことになる</u>ものと考えられる。

23　公開鍵暗号方式における秘密鍵のこと。公開鍵暗号については第４章参照。

78

とされています。7月2日の答申のbに該当するQ&Aがこれ，ということです。

　少し長くてとてもわかりにくいのですが，要するに，電子契約サービス提供者が立会人として電子署名をするサービスでも，

- サービス提供者の意思が介在する余地なく，利用者の意思によって機械的に暗号化されたことが担保されている。
- 電子文書を送信した利用者やその日時等の情報を付随情報として確認できるなど，全体を1つの措置と捉え直すことによって電子文書への措置が利用者の意思に基づいていることが明らかになっている。

といった要件を満たせば，電子署名法2条1項1号の本人性の要件を満たす，ということです。

　ポイントとしては，「サービス提供者（立会人）の意思が介在する余地がなく機械的」，「全体を1つの措置と捉え直すことで当該立会人の電子署名が利用者の意思に基づいていることが明らか」といった点です。

　立会人としてのサービス提供事業者が，送信者や受信者の意思を受けて機械的に電子署名をし，それが後から確認できるような状態になっていれば，電子署名法2条1項1号の本人性要件を満たしますよ，ということがいいたい，ということになります。

　さらに，7月2日の答申のcに該当する考え方も公表されています。2020年9月4日に開示された「利用者の指示に基づきサービス提供事業者自身の署名鍵により暗号化等を行う電子契約サービスに関するQ&A（電子署名法第3条関係）」（太線下線部は筆者）において，立会人電子署名型サービスと電子署名法3条との関係についても解釈が示されています。

> 問2　サービス提供事業者が利用者の指示を受けてサービス提供事業者
> 　自身の署名鍵による暗号化等を行う電子契約サービスは，電子署名法
> 　第3条との関係では，どのように位置付けられるのか。

（中略）

……サービスが電子署名法第3条に規定する電子署名に該当するには，（筆者注：電子署名法2条の要件を満たしたうえで）更に，当該サービスが本人でなければ行うことができないものでなければならないこととされている。そして，この要件を満たすためには，（中略）**当該サービスが十分な水準の固有性を満たしていること（固有性の要件）が必要である**と考えられる。

　より具体的には，上記サービスが十分な水準の固有性を満たしていると認められるためには，**①利用者とサービス提供事業者の間で行われるプロセス及び②①における利用者の行為を受けてサービス提供事業者内部で行われるプロセスのいずれにおいても十分な水準の固有性が満たされている必要がある**と考えられる。

　①及び②のプロセスにおいて十分な水準の固有性を満たしているかについては，**システムやサービス全体のセキュリティを評価して判断される**ことになると考えられるが，例えば，①のプロセスについては，**利用者が2要素による認証を受けなければ措置を行うことができない仕組み**が備わっているような場合には，十分な水準の固有性が満たされていると認められ得ると考えられる。2要素による認証の例としては，利用者が，あらかじめ登録されたメールアドレス及びログインパスワードの入力に加え，スマートフォンへのSMS送信や手元にあるトークンの利用等当該メールアドレスの利用以外の手段により取得したワンタイム・パスワードの入力を行うことにより認証するものなどが挙げられる。

　②のプロセスについては，サービス提供事業者が当該事業者自身の署名鍵により暗号化等を行う措置について，**暗号の強度や利用者毎の個別性を担保する仕組み（例えばシステム処理が当該利用者に紐付いて適切に行われること）**等に照らし，電子文書が利用者の作成に係るものであることを示すための措置として十分な水準の固有性が満たされていると評価できるものである場合には，固有性の要件を満たすものと考えられる。

　ここも長くてわかりにくいのですが，要するに，電子署名法2条1項の要件を満たしたうえで，さらに，固有性の要件（同Q&Aの問1において「暗号化等の措置を行うための符号について，他人が容易に同一のものを作成することができないと認められること」として定義されています）を満たすと電子署名法3条の要件を満たす，となっています。

　そして，（十分な水準の）固有性は，以下の2つのプロセスのいずれにおいても必要とされています。

---

　①　利用者とサービス提供事業者の間で行われるプロセス
　②　①における利用者の行為を受けてサービス提供事業者内部で行われるプロセス

　この①，②が十分な水準の固有性を満たすかどうかは，システムやサービスのセキュリティ評価によって判断されます。

　例えば，①については2要素認証（メールアドレスとパスワードのログインだけでなく，ワンタイムパスワードの入力を行うなどして，1要素だけでなく2要素によって認証すること）が挙げられています。

　また，②については暗号の強度や利用者ごとの個別性を担保する仕組みが挙げられています。

　上記①，②の要件を，電子署名法2条1項に加えて満たす場合には，同法3条の推定効も認められ得る，という解釈が新たに示されています。

　とうとう，電子署名法2条，3条のいずれについても立会人電子署名型サービスがその対象に入った，という意味で2020年は本当にエポックメイキングな年であるといえます。

　もともと当事者電子署名型サービスのボトルネックを埋める形で登場した立会人電子署名型サービスは，従来，電子署名法の法的根拠が弱いもの，として考えられてきたわけです。それが2020年の一連の規制緩和

の流れを受けて，その法的位置づけを大きく変え，電子署名法の後ろ盾
を得る形になったわけです。

　従来，弱いとされていた点が補完され立会人電子署名型サービスは大
きく普及していきました。最近では立会人電子署名型サービスが定番と
いえます。

10 今後に期待の育成枠──その他の電子認証サービス

　当事者電子署名型，立会人電子署名型サービスのほかにも電子契約サービスは多数存在しています。

　これらは，通常，メールアドレス認証（特定のメールアドレスに対して，固有のURLを送信し，当該URLにアクセスすることをもって，当該メールアドレスの保有者が契約したとして認証する方式のこと）によって相互にカジュアルに契約ができるものであり[24]，電子証明書に基づく電子署名は当事者も立会人も行わないものの，素早く使いやすく契約が締結できるものになっています。タイムスタンプが押されるもの，ブロックチェーン[25]上に記録されるものなど，さまざまなサービスがあり，電子署名に代替するような信頼を担保する措置を各社が工夫して講じている状況です。

　こうした電子認証サービス（多義的に使われる用語ですが，ここでは，電子署名を施さず，他の方式によって本人性や非改変性の担保をしようとするタイプのサービスを広く電子認証サービスと呼ぶことにします）は電子署名法の規定とは関係がなく，民法の一般原則に沿って，諾成契約について，電磁的記録の形で証拠を残している，というような位置づけとなります。こうしたその他の電子認証サービスは，通称「電子サイ

---

[24] 当事者電子署名型，立会人電子署名型ともにメールアドレス認証によるサービスが多いです。

[25] 総務省HP「ブロックチェーン技術とは情報通信ネットワーク上にある端末同士を直接接続して，取引記録を暗号技術を用いて分散的に処理・記録するデータベースの一種であり，「ビットコイン」等の仮想通貨に用いられている基盤技術である」。
https://www.soumu.go.jp/johotsusintokei/whitepaper/ja/h30/html/nd133310.html

【その他の電子認証サービス】

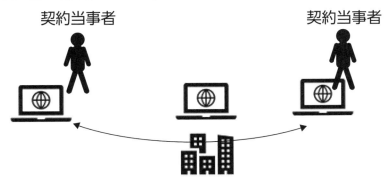

- 契約当事者双方，提供者のいずれも電子署名しない
- ただし，代替措置として，タイムスタンプやブロックチェーンといった手段によって信頼担保措置が講じられている

ン」と呼ばれています。電子サインは法律用語ではないのですが，誰が言い出したのか，電子契約界隈ではかなりの頻度で用いられており，電子署名を施さないタイプの電子認証サービス＝電子サイン，と一般的には認識されています[26]。ただ，立会人電子署名型サービスに一定の要件の下で電子署名法による効力が与えられる以上は，こうした電子認証サービスにも提供者自身の電子署名機能（立会人型電子署名サービスと同等の機能）が今後次々に実装されていくものと考えられます。そうなると，立会人電子署名型サービスとこれら電子認証サービスとの差はなくなっていくものと思われます。

26　電子サインにも種類があり，締結済み文書にタイムスタンプを押すもの，締結済み文書をブロックチェーンに記録するもの，そうした「いつ」「何を」の認証すら行わず単にメールアドレス認証のみで認証を行うもの，など様々あります。

---

11 各種電子契約サービスの立証上の
取扱い

　さて，電子契約サービスの3類型についてだいたい理解はできたでしょうか。それでは，電子契約が裁判で争われた場合の証拠調べの話に戻っていきたいと思います。

　電子契約は，準文書（民訴法231条）として，書証と同様の取扱いとなり，書証に準じて成立の真正が証明されなければならない，ということでした（民訴法228条1項）。

　なお，電子契約には，「署名または押印」がないので，民訴法228条4項に基づく推定規定やいわゆる「二段の推定」については適用がされない，と考えられています。

（1）　当事者電子署名型サービスの場合

　その前提で，当事者電子署名型サービスを利用した電子契約の場合には，通常，電子署名法3条の規定により，真正に作成したものと推定されるので，228条4項と同様，成立の真正が推定されることになります。先程の事例でいうと「私（鬼頭）と忍者太郎が作ったんだ」ということの推定がなされるわけです。

　注意していただきたいのは，電子署名法3条の規定も，あくまで推定にしかすぎませんので，例えば第三者が鬼頭や忍者太郎の電子証明書（パソコンやICカード）を奪って勝手に電子署名をした，といった事実が認定された場合には，成立の真正は認められないこともあり得るということです。あくまで推定であって，それで最終決定するわけではありません（参考までに，法律上，反証の余地なく自動的に認定されてしま

う場合は「擬制」される，といいます）。

（2）　立会人電子署名型サービスの場合

　立会人電子署名型サービスの場合には，これまで何度か述べてきた一連の規制改革によって，以前の解釈が一変することになります。

　立会人型電子署名サービスは，以前は電子署名法3条の推定効は受けられないものと考えられていましたが，「利用者の指示に基づきサービス提供事業者自身の署名鍵により暗号化等を行う電子契約サービスに関するQ&A（電子署名法第3条関係）」が示されたことによって，十分な固有性の要件（2要素認証や十分な暗号強度，利用者の個別性担保などの措置が講じられていること）が満たされれば，電子署名法3条の規定により，真正に成立したものと推定されることになります（「**9** 最近の定番──立会人電子署名型サービス」参照）。

（3）　その他の電子認証サービスの場合

　その他の電子認証サービスの場合，電子署名法3条の推定は受けられませんから，タイムスタンプやブロックチェーンに関する資料を証拠として提出していくことになります。

＊　　　＊　　　＊

　こう見ると，電子署名法に基づく成立の真正についての推定を受けられるサービスには一定の優位性があるのは確かです。

　ただし，何度か述べているとおり，これはあくまで推定にすぎず，最終決定ではないので依然として成立の真正が覆される可能性は残ること，推定がなかったとしても，他の方法（ブロックチェーンなど）によって，本人の意思によって成立したことを立証することは十分に可能ですので，ケース・バイ・ケースでどのようなサービスを利用するかを判断するべ

きです。

　実際，「利用者の指示に基づきサービス提供事業者自身の署名鍵により暗号化等を行う電子契約サービスに関するQ&A」においても，

Q３．どのような電子契約サービスを選択することが適当か。
- 電子契約サービスにおける利用者の本人確認の方法やなりすまし等の防御レベルなどは様々であることから，各サービスの利用に当たっては，当該サービスを利用して締結する**契約等の性質や，利用者間で必要とする本人確認レベルに応じて，適切なサービスを選択する**ことが適当と考えられる。

とされており，どのような内容の契約を，どのような本人確認手法によって電子契約で締結していくのか，という観点からサービスを選択する，ということになります。

　例えば，本人確認レベルとしてかなり高いものを求めたいのであれば，電子契約を締結する際に，添付ファイルとして運転免許証の写真を添付してもらったり，場合によって印鑑登録証明書の画像を添付してもらったりする，ということもあり得るところです。また，運転免許証を手に持った写真を添付ファイルにすることができれば，他人が運転免許証を盗んで添付した，という可能性はほぼなくなりますから，より本人確認のレベルは上がることになります。

12 電子契約が争われた場合に証拠になり得るもの

　各種電子契約サービスの立証上の取扱いを整理しましたが，実際の裁判においては，一体何を提出していくことになるのか？　という点について疑問を持つ方も多いと思いますので，ここで，詳述しておくことにします。

　契約書の場合には，単に契約書そのものを提出すればよかったのが，電子契約は馴染みがないので，どうやって立証活動をするのか，イメージが湧きにくいかと思いましたので，例を挙げて説明していきます。

　具体的にどのように成立の真正を証明していくのかについて，少し長いですが，内閣府，法務省，経済産業省の連名によるQ&Aを引用します[27]。

問6．文書の成立の真正を証明する手段を確保するために，どのようなものが考えられるか。

・次のような様々な立証手段を確保しておき，それを利用することが考えられる。
　① 継続的な取引関係がある場合
　　▶取引先とのメールのメールアドレス・本文及び日時等，送受信記録の保存（請求書，納品書，検収書，領収書，確認書等は，このような方法の保存のみでも，文書の成立の真正が認められる重要な一事情になり得ると考えられる。）
　② 新規に取引関係に入る場合

---

[27]　令和2年6月19日「押印についてのQ&A」
　　http://www.moj.go.jp/content/001322410.pdf

> ➤契約締結前段階での本人確認情報（氏名・住所等及びその根拠資料としての運転免許証など）の記録・保存
> ➤本人確認情報の入手過程（郵送受付やメールでのPDF送付）の記録・保存
> ➤文書や契約の成立過程（メールやSNS上のやり取り）の保存
> ③　電子署名や電子認証サービスの活用（利用時のログインID・日時や認証結果などを記録・保存できるサービスを含む。）
> ・上記①，②については，文書の成立の真正が争われた場合であっても，例えば下記の方法により，その立証が更に容易になり得ると考えられる。また，こういった方法は技術進歩により更に多様化していくことが想定される。
> ⓐ　メールにより契約を締結することを事前に合意した場合の当該合意の保存
> ⓑ　PDFにパスワードを設定
> ⓒ　ⓑのPDFをメールで送付する際，パスワードを携帯電話等の別経路で伝達
> ⓓ　複数者宛のメール送信（担当者に加え，法務担当部長や取締役等の決裁権者を宛先に含める等）
> ⓔ　PDFを含む送信メール及びその送受信記録の長期保存

　③の電子署名や電子認証サービスの活用は一手段のように記載されていますが，これらのサービスを使ったとしても①や②は有力な証拠になります。

> ・電子契約サービスで出力されるIDやログイン日時，認証結果の記録
> ・事前や事後のメールのやり取り
> ・本人確認情報やそのやり取り

といったあたりが証拠になってくる，ということがわかります。

　契約というのは，突然降って湧いたように締結するものではありません。契約に至る事前の交渉プロセスというのが確実に入るものになります。また，事後には契約があることを前提としたやり取りも発生します。

　例えば，契約書締結前においては，最初は契約書を提示せずに口頭で条件をすり合わせ，その後，契約書の案を送って確認してもらい，何度か修正をしてから内容を確定する，といったことが必要です。こうした場合には事前のやり取りについて何らかの証拠が残っていることが通常でしょうから，こうした証拠を残しておく，ということが重要になります。

　加えて，電子契約サービス上で，タイムスタンプや相手のメールアドレスの記録についても証明できるような機能があれば，それも証拠として提出するとよいでしょう。

　参考までに紹介すると，当社のサービスfreeeサイン（フリーサイン）の場合，以下のような「電子契約締結に関する情報」が電子契約ごとに作られます。裁判の際にはこうした証明書をPDFファイルのプリントアウトとともに提出することで，どのアドレスで当該ファイルが契約締結され，それは何月何日の何時何分に存在していたのか，が裏づけられることになりますから，形式的証拠力を立証するのに役立てることができます。

【電子契約締結情報の画像】

電子契約締結に関する情報

ファイル名：
sample.NDA

書類コード：
bef0904deb08f1985dea85fc025114674e1a3fefa598e79b622ec99f8c67aa23

署名方法：
電子サイン

電子契約締結の当事者情報

2023年06月16日 09:56(JST)　　　送信者
　　　　　　　　　　　　　　　　　　　　　　＿＿＿＿＿＿＿＿＿＿**@gmail.com**
　　　　　　　　　　　　　　　　　　　　鬼頭政人（Test）　送信者

2023年06月16日 09:57(JST)　　　受領者
　　　　　　　　　　　　　　　　　　　　　　＿＿＿＿＿＿＿＿＿＿**@gmail.com**
　　　　　　　　　　　　　　　　　　　　鬼頭政人　相手方

2023年06月16日 09:57(JST)　　　確認者
　　　　　　　　　　　　　　　　　　　　　　＿＿＿＿＿＿＿＿＿＿**@gmail.com**
　　　　　　　　　　　　　　　　　　　　鬼頭政人（Test）

タイムスタンプ情報

2023年06月16日 09:57(JST)　　　締結完了

システム上、PDF上のタイムスタンプと上記タイムスタンプ情報に若干タイムラグが生じる可能性がございますが、タイムスタンプの効力には問題ございません。

この情報は、freeeサイン を利用して作成しました。　　　　　　　運営会社：freeeサイン株式会社

13 電子契約の成立の真正を争うための立証プロセス

　実際，裁判において電子契約を証拠提出する場合には，裁判は現時点では紙で行われていますので，電子契約によって締結した契約ファイルをプリントアウトして証拠提出することになります。

　電子契約の成立の真正に争いがなければ，それだけで問題はありませんが，成立の真正が争われた場合には，電子契約に付帯する電子署名やタイムスタンプといったものの表示画面を印刷して追加で提出することになるでしょう。

　実際，電子契約の成立が争われた裁判はすでに存在しているようですが，先例的な意味を持つ判例はまだ出ていないようです。

　電子契約の成立を争った裁判について調査したところ，裁判における立証活動としては，

- 電子契約の締結済み文書（PDFファイル）をプリントアウトして，それに付随する電子署名部分もあわせて1つの証拠として提出する。
- 当該電子契約の仕組みについて解説した資料についてもあわせて提出する。

という対応をしたようです。

　つまり，電子署名は，PDFファイルに署名パネルという形で付随していますので，プリントアウトした文書に付随するものとして1つの証拠として出す，という形で対応していたようです（別証拠として出す形

でも構わないと思います）。

　また，電子契約の仕組みについて，各社のサービスの仕組みが異なること，裁判官は電子契約に馴染みが薄いと思われることから，裁判官に説明するための資料もあわせて提出するとよいでしょう。

　今後，当社が提供しているfreeeサイン（フリーサイン）でも，裁判所に提出するための資料も用意していきます。

　加えて，電子契約のファイルや電子署名，タイムスタンプといったもののほかに，前項で説明したようなメールでのやり取りの記録（メールもプリントアウトして提出することになります），受領した本人確認情報もあわせて提出することが有用でしょう。

　文書の成立の真正が争われる裁判においては，「証拠はこれだけ出せば十分」というものではなく，成立の真正を立証し得る証拠であれば幅広く出しておくことが必要になります。

第 **4** 章

電子契約を支える技術的基盤

1 電子契約の証明には，「いつ」，「何を」， 「だれが」を証明することが必要

　これまで電子契約に関する法律的な知識を中心に解説をしてきました。これら法律知識があれば電子契約はお手の物，となれば話は早いのですが，ここで大きな壁があります。

　電子契約は，通常，法務部門や管理部門が利用を始めるサービスなのですが，実は電子契約サービスにはさまざまな技術が使われており，その技術が非エンジニアにはとても理解しにくいものなので，ここでも電子契約の迷路に迷い込んでしまう人が多く発生します。電子契約といっても，単にメールに添付して書類をやり取りするだけのものではなく，そこには複雑な仕組みが用いられていることがほとんどなのです。そこで，ここからは電子契約を支える技術的基盤についてお話をしていきましょう。

　これまで述べてきたとおり，電子契約においては，後々裁判になった場合に，問題がない形でファイルや証跡を残しておくことが必要になります。電子署名法3条の推定を受けるにせよ，受けないにせよ，成立の真正を後で立証できるようにしておくことが肝要です。

　具体的には，電子契約で締結した文書について成立の真正を証明するため「だれが」，「何を」合意したのか，という点について後で証明可能な状態にしておくことが必要です。また，裁判においては，「いつ」その合意がなされたか，ということを特定して主張する必要がありますので，「だれが」，「何を」に加えて，「いつ」の部分についても，証明可能な状態にしておくことも求められます。

　こうしたことを証明するため，電子ファイルをメールに添付してやり

取りするだけだと証拠として不十分，ということが起こり得ます。イン
ターネットを経由してやり取りされる電子ファイルは，そのファイルが
移動する過程において，随所で改変，紛失，盗用のリスクが生じます。
こうしたリスクの顕在化を防ぐことが必要です。

　そこで出てくるのが「暗号化」という考え方です。よく，インター
ネットを使っていると，「この通信は暗号化されています」などと表示
されることがありますが，考え方としては同じで，ファイルそのものを
暗号化することで，いろいろなやり方で鍵をかけて，安全に締結，保管，
管理しようという措置が施されているわけです。

　具体的には，電子署名とタイムスタンプが現在の代表的な技術という
ことになります。最近では，総務省のトラストサービス[1]検討ワーキン
グ・グループにおいて，ｅシール[2]といった新たな仕組みも提案されて
いるところですが，本書では現在の解決手段である電子署名やタイムス
タンプについて詳しく解説していくことにします。

---

[1]　「信頼性あるデータ流通の基盤として，送信元のなりすましやデータの改ざん等を
　　防止する仕組み」を指します。トラストサービス検討ワーキンググループ最終取りま
　　とめ（案）概要4頁。
　　https://www.soumu.go.jp/main_content/000657097.pdf
[2]　電子文書が法人等により発行されたものを示すもの。前掲注1・4頁。

2　電子署名に不可欠な2つの鍵

　一般に「電子署名」という言葉は多義的に使われてしまっているのですが，電子署名法に基づく電子署名のことについてお話をしていきたいと思います。

　電子署名の概念について復習すると，電子署名法2条1項により，

　…「電子署名」とは，電磁的記録（電子的方式，磁気的方式その他人の知覚によっては認識することができない方式で作られる記録であって，電子計算機による情報処理の用に供されるものをいう。以下同じ。）に記録することができる情報について行われる措置であって，次の要件のいずれにも該当するものをいう。
　一　当該情報が当該措置を行った者の作成に係るものであることを示すためのものであること。
　二　当該情報について改変が行われていないかどうかを確認することができるものであること。

ということでした。要するに本人性と非改変性が重要だ，ということでしたね。これを担保するため，現在，最も広く使われているのが，公開鍵暗号方式という技術です。

　公開鍵暗号方式というのは，ある値を暗号化するのと復号化するので異なる鍵を用いる方式のことです（暗号化と復号化に同じ鍵を用いる場合には共通鍵方式と呼んでいます）。

　暗号化に用いるものを秘密鍵（だれにも教えないものなので「秘密」

鍵です），復号化に用いるものを公開鍵（みんなに公開するものなので「公開」鍵です）といいます。

　ポイントは，どちらの鍵も一方的だ，ということです。暗号化は秘密鍵のみによって可能なので公開鍵によって暗号化はできない，復号化は公開鍵のみによって可能なので秘密鍵によって復号化はできない，という関係にあります。

　また，公開鍵の情報と，鍵の持ち主に関する情報がまとめて記載してあるものが電子証明書，ということになります。

　秘密鍵は，秘密というくらいですから，基本的にだれにも開示せず，しっかりと自分で保管しておかなければなりません。ハンコにたとえるなら実印そのもの，ということになります。通常はICカードやパソコン端末に入っていることになります。

【公開鍵暗号方式】

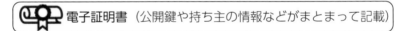

電子証明書（公開鍵や持ち主の情報などがまとまって記載）

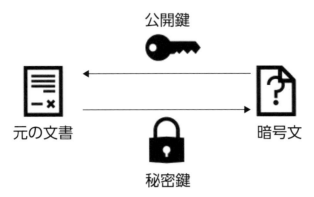

公開鍵

元の文書　　暗号文

秘密鍵

- 秘密鍵と公開鍵は１セットになっている（秘密鍵はだれにも教えない，公開鍵はみんなに公開）
- 秘密鍵は暗号化専用，公開鍵は復号化専用で一方通行の関係

　一方で，公開鍵は実印の印影に相当するもので，公開鍵が記載された電子証明書は，実印の印影が記載された印鑑証明書のようなものです。電子証明書についても，通常はICカードやパソコン本体に秘密鍵と一緒に保管されています。

　電子署名は複雑な仕組みによって成り立っているのですが，基本となるのがこの公開鍵暗号方式になります。

3　電子ファイルをランダム文字列に変換する理由

　公開鍵暗号方式が理解できれば，「じゃあ，電子ファイルに直接秘密鍵を利用して鍵をかけ，それを公開鍵で復号化すればいいじゃないか」となりそうなものですが，実務上はここにさらにハッシュ関数という計算をはさむことになります。

　これは，公開鍵暗号の性質上，電子ファイルを公開鍵暗号の秘密鍵ですぐに暗号化してしまうと，暗号文のほうがもともとの電子ファイルよりも情報のサイズが大きくなるので扱いにくくなってしまう，という理由によります。

　そこで，事前に情報を「圧縮」するハッシュ関数を用いるのです。ハッシュ関数というのは，任意の大きさのデータを，固定の長さのデータに作り変える関数のことです。同じデータの場合には同じハッシュ値が出てくることになり，少しでもデータが違う場合には，異なるハッシュ値が出てくることになります。また，ハッシュ値から元のデータを復元することは事実上不可能であり，一方通行になっています。

　ハッシュ関数には，MD5，SHA-1，SHA-256などさまざまなものがあります[3]。これらの種類を覚える必要は全くありませんが，ハッシュ関数にもいろいろな種類がある点のみ理解してもらえればと思います。

　ハッシュ関数は常に固定の長さのランダムな値が出されるので情報の圧縮には非常に便利です。例えば，ものすごく分厚い契約であったとしても，256ビットなどの短い固定長のデータに作り変えることができる

3　電子署名・認証センター「電子署名の仕組み」「ハッシュ関数」
https://esac.jipdec.or.jp/why-e-signature/hash-function.html

のです。

　また，「私は，昨日山に行った」と「私は，昨日，山に行った」というのはわずかに読点が違うだけですが，SHA-256関数にかけると，全く違う値になります。

　ハッシュ関数にはさまざまな種類がありますが，コンピューターの計算能力の向上とともに，求められるハッシュ関数も複雑化してきています。

【暗号化の仕組み】

私は，昨日山に行った

→ハッシュ値
d65cf1c5ca36a294234046f40a1464b1a1975d7e4112f3e7ec26
de2ec11013cc

私は，昨日，山に行った

→ハッシュ値
7537498a8092707c241cf49be0642716ab91917156af79bdd9a
6fd3e52a590f3

4　電子署名の仕組み

　公開鍵暗号とハッシュ関数の仕組みが理解できたら，電子署名の仕組みの理解が可能になります。

　これまでの例により「私は，昨日山に行った」という電子文書があるとして，それに電子署名をする仕組みを見ていきましょう。これは，いわゆる電子署名法に基づく電子署名を送信者が行って，受信者がこれを検証する，というケースだと考えてください。

【送信者側の動作】

① 　電子ファイルに電子署名を施す

　電子ファイル「私は，昨日山に行った」をハッシュ関数にかけて，ハッシュ値にします。このハッシュ値を，さらに秘密鍵を用いて暗号化します。秘密鍵を用いて暗号化したものが電子署名となります。

② 　電子ファイル，電子署名，電子証明書をセットで送信する

　元の電子文書（「私は，昨日山に行った」と記載のある電子文書）と，電子署名（元の電子文書をハッシュ関数でハッシュ値にし，それをさらに秘密鍵を用いて暗号化したもの），電子証明書（公開鍵の記載があるもの）をセットにして相手方に送信します。

【受信者側の動作】

③ 　電子ファイルをハッシュ関数でハッシュ値化する

　相手方は，受領した電子文書を送信者と同じハッシュ関数にかけてハッシュ値にします。

④ 　電子署名について電子証明書を用いて復号化し値を取得する

　電子署名については，電子ファイルと同時に受領した電子証明書（公開鍵）を用いて復号化し，暗号化される前のハッシュ値に戻します。

⑤　③と④のハッシュ値が一致するか検証する

　電子ファイルをハッシュ関数でハッシュ化したハッシュ値（③）と，電子署名を電子証明書（公開鍵）で復号化してできたハッシュ値（④）が一致すれば，以下のことが判明します。

- 電子ファイルの作成者が電子証明書記載の者であること（本人性）
- 電子ファイルの改ざんが行われていないこと（非改変性）

つまり，「本人性」と「非改変性」が担保されることになります。

　これらを図式化すると以下の図表のようになります。

　このように，公開鍵暗号，ハッシュ関数を前提として，電子署名の仕組みが成り立っています。

【電子署名の仕組み[4]】

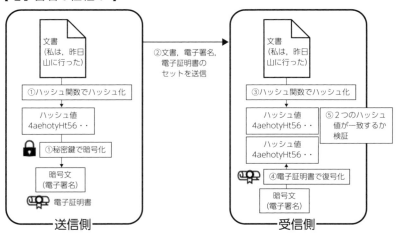

※　⑤で２つのハッシュ値が一致すれば，本人性（「だれが」）と非改変性（「何を」）の両方が確認できる仕組みとなっている

4　電子署名の仕組みの詳細について，電子認証局会議HP（http://www.c-a-c.jp/about/knowledge.html）参照。

　当事者電子署名型サービスでは，これを契約当事者それぞれが行うことになるわけです。当然，契約当事者はそれぞれ電子証明書を取得しなければならないわけですから，時間と手間はかかることになります。もともと両当事者がともに電子証明書を持っていれば問題はありませんが，片方だけが持っていた場合には，電子署名の手順に慣れていないなどの事情もあいまって，電子契約を締結するのに非常に時間と手間がかかってしまう，ということもあり得ます。

　一方で，立会人電子署名型サービスについては，契約当事者には電子証明書は不要で，立会人が自らの電子証明書を用いて締結の終わった電子ファイルごとに電子署名していくことになります[5]。立会人は当該サービスの利用者全員のために一度は電子証明書を取る手間はありますが，一度取得してしまえば，あとはシステム開発をすれば自動的に電子ファイルについて電子署名をしていくことができるので，契約当事者の負担感は当事者電子署名型サービスに比べてはるかに低いといえるでしょう。

　その他の電子認証サービスにおいては，立会人の電子署名がブロックチェーンへの記録などの他の手段に変わるだけですので，契約当事者の負担感については立会人電子署名型サービスと同じような状況になります。

　いずれにせよ，電子署名がどのような仕組みなのかを理解したうえで，ご自身が利用している，あるいは利用されようとしている電子契約サービスがどの類型のサービスなのか，という点は十分に頭に入れておくことが必要でしょう。

5　立会人電子署名型サービスの中にも実は電子署名の付与方法に違いがあり，利用者の指示によりサービス提供事業者が電子署名する場合と，電子契約の締結完了後，サービス提供事業者が電子署名する場合に分かれます。「利用者の指示に基づきサービス提供事業者自身の署名鍵により暗号化等を行う電子契約サービスに関するQ&A」においては，前者の場合に電子署名法上の「電子署名」に該当し得る，としています。

5 タイムスタンプ≒確定日付

　電子署名以外で，電子契約において重要な技術にタイムスタンプがあります。タイムスタンプに最も近い措置としては公証役場の確定日付[6]があります。公証役場の確定日付というのは，ある文書を持っていくと，公証人の名義で，日付の付された印を押してくれるものです。「いつ」，「どのような」内容であったか，という点を証明するものです。タイムスタンプの機能も確定日付と同じです。

　タイムスタンプは，電子署名法に規定がある措置ではないのですが，電子帳簿保存法などでは規定のある措置であり，電子契約サービスにおいても，通常備わっている機能ですので，ここで詳しく解説しておきます。

　タイムスタンプについては一般財団法人日本データ通信協会が「認定タイムスタンプ」という認定制度を運用しており，一定以上の信頼性のあるタイムスタンプサービスを時刻認証業務認定事業者として，個別名で列記しています。詳しくはタイムビジネス認定センターというウェブサイトの認定事業者一覧のページ[7]をご覧ください。

　認定タイムスタンプは，電子帳簿保存法においては条文上求められている措置であり（同法施行規則2条6項2号ロ），電子帳簿保存法に則った保存をしようと考えている方は，認定タイムスタンプの押される

6　「変更のできない確定した日付のことであり，その日にその証書（文書）が存在していたことを証明するもの」日本公証人連合会HP
　http://www.koshonin.gr.jp/business/b08
7　https://www.dekyo.or.jp/tb/contents/list/index.html

電子契約サービスを利用するほうがよいでしょう。

　では，具体的にタイムスタンプの仕組みについて見ていきましょう。

　まず，タイムスタンプは，ある時刻において，ある文書がその状態であった，ということを証明するためにあります。具体的には以下の順序に沿ってタイムスタンプが付されることになります[8]。

---

① 　利用者が，時刻認証局（Time-Stamping Authority，TSA）に対して，ある文書をハッシュ化して，タイムスタンプを要求します。
② 　時刻認証局（TSA）は，そのハッシュ値に時刻情報を加えてタイムスタンプを利用者に返送します（ハッシュ値と時刻情報を合体させて，偽造できないように結合させます）。
③ 　利用者が検証する際には，現在の文書をハッシュ化し，時刻認証局（TSA）から送られてきたタイムスタンプ内のハッシュ値と比べます。そのハッシュ値が一致していれば，以下のことがわかります。
　・時刻認証局が加えた時刻情報以前に，元の文書が存在したこと
　・現在の文書と元の文書が同一で改ざんされていないこと

　ちなみにタイムスタンプには，デジタル署名，アーカイビング，リンクトークン方式という３つの方式があるようですが，電子契約サービスを利用される方にとって最も重要なのは，タイムスタンプという制度の仕組みを理解すること，認定タイムスタンプというものが存在していることを理解することですので，ここでは各方式の説明は割愛します。

　以上を図にすると以下のようになります[9]。

　8 　一般財団法人日本データ通信協会「タイムビジネス認定センター」「タイムスタンプのしくみ」参照。
　　https://www.dekyo.or.jp/tb/contents/summary/system_2.html
　9 　詳細については前掲注７のHPの以下ページを参照。
　　https://www.dekyo.or.jp/tb/contents/summary/system_7.html

106

【タイムスタンプ】

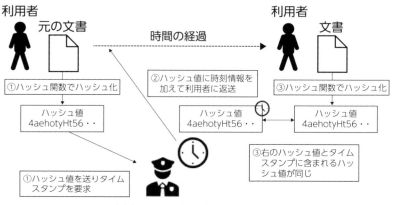

時刻認証局（TSA）

※　③でハッシュ値が一致すれば，TSAの時刻情報時点で（「いつ」），元の
　　文書が存在したこと（「何を」），そして，その時刻以降，元の文書が改変
　　されていないことがわかる
※　タイムスタンプの検証は利用者でなくても可能

　　例えば，

　「私は昨日，山に行った」

　という文書にタイムスタンプを付与したとしましょう。

　この文書の実際の作成時刻が2020年7月1日午後3時00分00秒だった
とします。そしてタイムスタンプは，作成後に時刻認証局によって刻印
されることになりますので，必ずこれよりも後に刻印されます。例えば，
同日午後4時00分00秒にタイムスタンプが付されたとしましょう。

　このタイムスタンプが証明できるのは，2020年7月1日午後4時00分
00秒以前に「私は昨日，山に行った」という文書が存在したことと，そ
れ以降，その文書が改ざんされていないこと，の2点です。

　注意していただきたいのは，タイムスタンプでは，「だれが」その文
書を作成したのか，という点については証明できませんので，私（鬼

頭）がその文書を作ったかどうか，という点についてはタイムスタンプでは証明することができません。

　また，これも当たり前ですが，私が実際に7月1日の「昨日」に当たる6月30日に山に行ったかどうかについてもタイムスタンプで証明することはできません。あくまで証明できるのは，「私は昨日，山に行った」という（事実ではなく）文書が7月1日午後4時00分00秒以前に存在した，という点です（実際には午後3時00分00秒には存在していたわけですが，タイムスタンプのみではこれを証明することはできず，あくまで午後4時以前に存在した，という点が証明されます）。

　このように，タイムスタンプは，「いつ」，「何が」について証明するために非常に優れた仕組みを提供している技術，ということになります。

6 電子署名とタイムスタンプで できること

　電子署名とタイムスタンプの概要について理解したら，電子署名とタイムスタンプの併用についても理解しておきましょう。

　電子署名では「だれが」，「何を」を証明できる，ということでした。一方で，タイムスタンプでは，「いつ」，「何を」を証明できる，ということでした。逆に，電子署名では「いつ」は証明できず，タイムスタンプでは「だれが」は証明できません。

　そこで，電子署名とタイムスタンプを併用することで，「いつ」，「だれが」，「何を」についてすべて証明することができるようになります。この観点から，電子署名とタイムスタンプの併用が行われることになります。

【電子署名とタイムスタンプ】

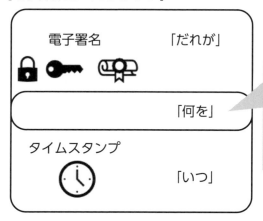

電子署名　　　「だれが」

「何を」

タイムスタンプ

「いつ」

電子署名とタイムスタンプの技術によって，「いつ」，「だれが」，「何を」を証明することが可能になる

　電子署名法に基づく電子署名と，電子署名法には記載のない（電子帳簿保存法には記載のある）タイムスタンプという制度が複雑に絡み合って，「いつ」，「だれが」，「何を」合意したのか，という点が担保される仕組みになっています。

　「いつ」，「だれが」，「何を」という点については，裁判においてまさに証明が求められる事項になりますので，この3点について証明することができる仕組みになっているのであれば，裁判においても十分に通用する，信頼性担保の仕組みが設けられている，といえます。

長期署名

　電子署名の際には公開鍵暗号が使われ，公開鍵は電子証明書に記載されますが，電子証明書には実は有効期限があります。これは通常 1 年から数年で設定されます[10]。

　例えば，電子署名をしたのが2020年7月1日で，電子証明書の有効期限が2020年12月31日であった場合，電子署名自体はもちろん有効です。

　しかし，2021年1月1日以降は，電子証明書は有効期限切れとなってしまいます。もちろん，現実には署名をした7月1日時点では電子署名は有効だったわけですが，電子署名では「いつ」を証明することはできないため，こうなると後で電子署名が有効期限内でなされたことが証明しにくくなってしまいます。

　そこで，署名当時に電子署名が有効だった点を証明する必要が出てきます。これには「いつ」を証明できるタイムスタンプが使われるわけです。前項で見たとおり，署名時には，「いつ」電子署名がなされたかを示すタイムスタンプが押されるのですが，その際に電子署名が有効だったことを示す文書などは内包されていないため，さらに他の技術的対応が必要になってくるわけです。

　そこで，上記署名時のタイムスタンプとは別に，電子署名が署名当時有効であったことを示すための資料（失効リストなど）を内包して，二度目のタイムスタンプ（アーカイブタイムスタンプ）を押すのです。それにより，電子署名当時，電子署名が有効であった点を明らかにすることができます。

　しかし，実はタイムスタンプ（アーカイブタイムスタンプ）も有効期間は10年ほどであり，10年経過してしまうと，アーカイブタイムスタンプ自体が有効でなくなる結果，電子署名も有効であったことを証明できなくなってしまう，ということが起きます。それでは有効期

10　すべての電子証明書の有効期限を定める規定ではありませんが，電子署名法施行規則6条4号に電子証明書の有効期限は5年以内と記載されています。

限が10年以上あるような契約を電子契約で締結できなくなってしまい，用途が限定されてしまいます。

　そこで考え出されたのが，長期署名という仕組みです。

　これまでの経過をまとめると，長期署名をするには，以下のようなプロセスに沿って行うことが必要になります[11]。

---

① 　まず，通常の電子署名を施した電子ファイルを用意します（電子ファイル，電子証明書，電子署名がセットになったものです）。

② 　①にタイムスタンプを付与します。これにより，署名が「いつ」行われたかが担保されます（署名時タイムスタンプといいます）。

③ 　さらに，その数日後などに，電子証明書を発行した認証局の情報や電子証明書の失効情報をあわせて，さらにタイムスタンプを付与します（アーカイブタイムスタンプといいます）。これにより，有効な電子証明書により署名がなされた，という点が担保されます。

④ 　③のタイムスタンプも有効期限は10年ほどですので，その有効期限が切れる前に，再度必要な情報（③のタイムスタンプの電子証明書や失効情報など）とともに新たにタイムスタンプを付与します。そのことでこの④の新たなタイムスタンプの有効期間までさらに有効期限が伸びることになります。

11　総務省「電子署名・認証・タイムスタンプ　その役割と活用」「④電子署名の長期利用」参照。
　　https://www.soumu.go.jp/main_sosiki/joho_tsusin/top/ninshou-law/pdf/090611_1.pdf#search='%E9%95%B7%E6%9C%9F%E7%BD%B2%E5%90%8D+%E9%9B%BB%E5%AD%90%E7%BD%B2%E5%90%8D%E8%AA%8D%E8%A8%BC%E5%B1%80'

【長期署名】

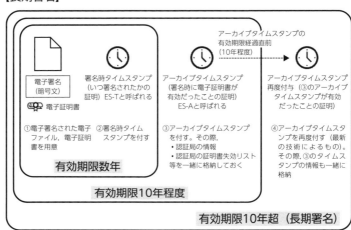

　この長期署名の仕組みはとても特殊で難しいものですが，みなさんご自身が何か対応する，ということではなく，長期署名に対応したサービスかどうかを確認する，ということで足ります[12]。

　長期署名が必要かどうかは，自社の契約の契約期間や保存期間の長さによります。長期の基本取引などに電子契約を用いる場合などでは，長期署名が必要になるでしょうし，短期のアルバイト契約が多いような状況であれば，長期署名までは不要であるといえます。

12　長期署名については，さまざまなデータ形式をもとにした方法がありますが，近年PDF署名をベースとしたPAdESが国際標準化されました。SKJコンサルティング合同会社編『詳説 電子帳簿保存法 実務のポイント』（税務研究会出版局，2020年）198頁参照。

第5章

電子契約は何を解決する
サービスなのか？

　電子契約の民法，民事訴訟法上の位置づけ，それを支える電子署名やタイムスタンプといった技術的基盤を理解したら，いよいよ電子契約ツールの具体的な導入を検討する段階に入っていきます。

　電子契約というと，契約を電子で締結するので便利だよね，といった漠然とした認識の方が多いと思いますが，そもそも電子契約というのは法務の中の予防法務のうち，契約関連の業務（契約関連業務）を効率化するものです。

　そして，契約関連業務の中にも専門的知識が必要な契約関連法務と契約関連法務事務があり，電子契約はこのうち後者の契約関連法務事務（法務事務）の困りごとを解決するサービスです。

　また，紙契約を締結する場合，典型的な社内の業務フローというものがあり，それが電子契約を入れることでどう変わるのか，を理解することも必要です。

　そして，そうした紙契約・電子契約のフローにおいて具体的に生じる困りごとというのは何なのか，を明らかにすることで，結局電子契約が何を解決するサービスなのか，ということを明らかにしていきます。

　以下ではこれらを順番に見ていきます。

1 電子契約は予防法務の中の契約関連業務に位置するサービス

　電子契約は「リーガルテックのサービスだ」と位置づけられることが多く，リーガルテックというのは法務領域を効率化するサービス全般を指すワードですが，では電子契約は法務領域のどの部分を効率化するサービスなのでしょうか。

　そもそも法務には，以下のように大きく，何かトラブルが起きないように行う予防法務と，トラブルが起きた／起きそうなときに対応を検討する紛争法務に分かれます。近年では戦略法務といって新しいビジネスを行うときにビジネスモデルを検証するような分野もありますが，広い意味では予防法務に位置づけられるので，ここでは予防法務に位置づけておきます。

【予防法務と紛争法務の具体例】

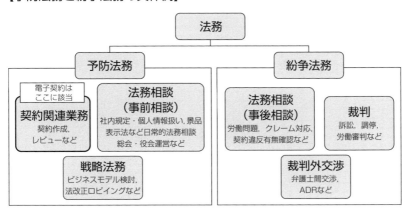

　電子契約というのは，何かトラブルが起きないように行う契約関連業務に関するサービスですので，予防法務の契約関連業務に関するサービスである，という全体像をまずは理解いただければと思います。

契約業務は法務専門性の要否によって内容が異なる

　ではもう少しズームインしましょう。

　契約関連業務と一口にいっても，その内容は様々です。

　新規に契約を作成する，ということもあれば，できあがった契約を印刷する，という事務作業に位置づけられるものまで，広く契約関連の業務として一般には認知されています。

　より具体的にいえば，契約関連業務は，専門性の要否によって，契約関連法務と契約関連法務事務に分かれると位置づけられます[1]。

　契約関連法務は，専門性が必要で，法律的なバックグラウンド・知識がないと業務を行うことが困難です。一定規模の会社の法務担当の方であればこうした知識がありますが，社員数が数名程度の会社ですとこうした方がいないことがほとんどで，契約関連法務を実行することには困難を伴います。

　契約関連法務では，外部の弁護士に依頼して契約を作成したり，チェックしたりしてもらうことも頻繁に行われています。

　一方，契約関連法務事務は，契約を印刷したり製本したりする業務ですので，専門性は不要で，事務作業を行うことが必要になります。単なる事務作業ですので，外部弁護士に何かを依頼する，ということはありません。

　1　契約関連法務や契約関連法務事務という言葉は私が独自に付けた名称のため，一般的な用語ではありません。頭の中を整理しやすくするために言葉を区別して使うようにしています。

【契約関連法務と契約関連法務事務の比較の一覧表】

	何をする?	誰がやる?	専門性要否?	外部弁護士関係する?
契約関連法務（契約法務）	・契約書を新規に作成する ・契約書をチェックする	・法務担当or法務/総務担当	・必要	・関係する※1
契約関連法務事務（法務事務） <small>電子契約はここに該当</small>	・ひな形の契約を吐き出す ・契約書を印刷・製本・郵送 ・契約書を受領, スキャン, 保管	・総務担当or法務/総務担当 ・営業担当	・不要	・関係しない

※1　外部弁護士に依頼するのは, 契約の中でも非定型的な業務。定型の契約チェックは外部弁護士には依頼しないことがほとんど（コスト・スピード要因）

　以後, 契約関連法務を便宜上契約法務, 契約関連法務事務を単に法務事務と呼びます。

3　契約関連業務の典型的業務フロー

　では，契約関連業務（契約法務と法務事務）は，具体的にどのような
業務フローで作業が行われているのでしょうか？

　次頁の【典型的バックオフィス構成】は概ね50～100名，100～300名
の会社における典型的なバックオフィス構造です。今回は右側に記載の
あるようなバックオフィス構造を持つ社員数百名程度の会社を想定して
話を進めます。

　【典型的バックオフィス構成】にあるように，数百名程度の会社の場
合，バックオフィスとしては，法務担当，総務担当，労務担当のほか，
横の部署に財務／経理担当がいて，それぞれ担当者の上司に管理マネ
ジャー／部長／役員がいる，という構造が一般的です。

【典型的バックオフィス構成】

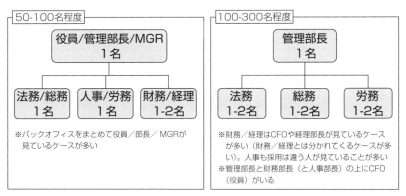

※法務担当は社員数の1％程度。100名以下企業では通常，法務は他業務（典型は総務）と兼任。100名前後から
　法務担当と総務担当が分かれてくる。数十名の企業では法務担当＝総務担当で兼務しているケースも多い
※法務／総務に別途アシスタント（アルバイト／派遣）が1名-数名いる場合も多い
※別途営業部に営業事務がいる場合も多い

　こうしたバックオフィス構造において，具体的にどのように業務フローが進むのでしょうか。以下の**【契約関連業務の業務フロー】**をもとに説明していきます。

【契約関連業務のフロー】

　まず，契約の締結に至る前提として，何らかのビジネス上の合意が先行します。例えば「これから提携交渉を始めるので秘密保持契約を締結しましょう」「1個100円で月1万個仕入れる，という路線で取引を開始しましょう」といった形で，通常は口頭でビジネス上の交渉が行われ，その交渉をしたうえで（場合によっては交渉と並行して），契約を締結

する形になります。

　ビジネス上の合意が成立したら，契約ドラフトを準備することになります。

　自社からドラフトを出す場合には，自社の契約ひな形の中から相手先や契約締結日を入れて使うことになりますし，相手がドラフトをする場合には相手のドラフトを待つことになります。ここまでのやりとりは営業担当者が行うことがほとんどです。

　次に，自社のドラフトについて，相手が修正する，あるいは相手のドラフトについて自社がコメントする，ということが行われます。ここは，契約法務の仕事ですから，法務担当がチェックすることになります。

　通常は，Microsoft社のワードファイルの変更履歴機能を使ってver1,ver2といった形でバージョン管理を行いながら，最終的に両者が合意できる内容の契約内容に向けワードファイルをアップデートし続けていきます。メールやチャットツールなどで何度かやりとりを重ねて，最終的な合意（finalバージョン）に至る，ということになります。

　変更履歴をやりとりする中では，何度もやりとりをすると，たくさんの色が使われたり，互いのコメントが入り乱れたりして契約が見にくくなりますので，finalバージョンでは，クリーンアップと呼ばれる体裁の整序作業が行われます。

　契約の内容に両者が最終的に合意したら，いよいよ契約締結のプロセスに入っていきます。

　契約締結のプロセスでは，自社が印刷して郵送する場合と相手から郵送されてくる場合がありますが，ここでは自社が印刷して郵送する場合を想定します。

　自社が印刷して郵送する場合，いきなり担当者がはんこを押すことはまずありません。通常は会社の金庫に会社の印鑑が保管してあり，総務部長や役員，社長がはんこを管理しています。

　はんこを押してもらうには，担当者が稟議を回して「契約を締結するかどうか」について社内的なお墨付きをもらうことになります。

　そして，稟議が最終的に承認されたら，捺印プロセスに進むことになります。

　契約を締結することについて社内承認が取れたら，いよいよはんこを押す捺印プロセスに入ります。ここでは「契約を締結することの社内承認が取れている」ということを，はんこの管理者（総務部長／管理部長／管理担当役員など）に上申したうえで，管理者に金庫から印鑑を取り出してもらい，契約書に印鑑を押捺してもらうことになります。

　具体的なオペレーションは会社によって異なりますが，典型的には，捺印ボックスなどと名前の付いた契約書（２部）を入れる箱が用意され，そこに稟議番号などが記載された付箋がつけられていて，その稟議番号を管理者が照合して，社内承認が取れていることが確認できたらはんこを押す，などのフローで最終的に押捺されることが多いです。

　契約書にはんこが押捺されたら，ようやく相手方に契約書を送付できることになりますが，契約書２通だけを送るわけではなく，書類送付書などの説明書も同封して送ることが一般的です。また，一定の規模の会社であれば自社の住所シールを貼った返信用レターパックなども同封して，相手が返送しやすいようにしていることがほとんどです[2]。

　しばらくすると，相手から，相手の印鑑が押捺された契約書が返送されてきます。相手からはんこを押捺された原本が返送されてきたら（通常受け取るのは担当者），当該原本を担当者は管理者に持っていきます。

　そして総務部では，契約書のスキャンを行い，電子データ（通常はPDF）にします。その電子データをファイル共有ソフト（GoogleDrive

---

2　レターパックは意外と料金のかさむもので，370円または520円となっています。往復分を買うとすると，契約を１通やりとりする郵送費だけで740〜1,040円かかることになります。

やDropboxなどのサービス）にアップロードして保管することになります。そのファイル共有ソフトには，契約書データ以外にも，請求書データなども一緒に入っていることも多いです。

　管理者は，原本を電子ファイルにしてオンライン上に保管したら，紙の原本については契約書を保管してあるキャビネットに保管しておくことになります。営業担当者から「あの契約ってどうなってましたっけ」と聞かれればオンラインのファイルまたはキャビネットを見返して回答したり，更新期限が来ている契約がないかなどの管理を行ったりします。

4　電子契約で業務フローはこう変わる

　以上が紙の契約書を自社から郵送する場合の典型的な業務フローですが，契約締結の手段を紙ではなく電子契約にすると，フローはどう変わるのでしょうか。

【契約関連業務のフロー（電子契約）】

　1から3までのフローについては電子契約を導入しようとしまいと変わらないです。ここは主に契約法務の領域の業務であり，電子契約サービスそのものがカバーする領域は少ないです。

　4以降のプロセスは，電子契約で大きく変わってきます。

　社内承認を得ないと電子契約が送れない，すなわち「契約を締結することの社内承認」を取得する必要がある，という点は紙のケースと同じですが，その承認を取得した後，捺印することの承認を取得するフローが異なってきます。紙契約のように捺印ボックスに入れて云々，といったフローは必要ないからです。

　捺印については，社内承認を得た後，担当者が自ら契約書を印刷して製本する，ということはあまりなく，社内で電子契約を送る権限のある人が電子契約を送る（これが印刷製本捺印をすべて兼ねている形にな

る）ことになります。

　電子契約ツールの場合，誰でも電子契約を送ることができる設定にすることもできますが，誰でも送れてしまう，ということは，はんこに置き換えれば「誰でもはんこが押せてしまう」ということになりますので，電子契約の場合には，限られた人しか電子契約を送る権限がないよう社内ルールが整備されていることが多いです。会社によっては，社長と管理担当役員のみが送ることができる設定になっているときもあれば，総務部長や管理部長も含めて送る権限があることもありますし，営業事務担当が送ることができるようになっているケースもあります。

　いずれにせよ，電子契約に移行した場合には，紙の契約書とはフローが変わってきますので，「誰が電子契約を送れるようにするのか」を社内で意思決定しておき，そのルールに従って電子契約を送る（具体的には権限者の承認がないと先方に電子契約を送れない設定にしておく）ことになります。

　そして，電子契約を送るときには送り先にも注意が必要です。それまでのメールのやりとりは担当者同士でやっていたとしても，実際に相手方の担当者が電子契約にサインできる権限を持っているとは限らず，むしろその逆（権限を持っていない）のことのほうが多いです。自社が誰でも電子契約を送れないのと同様，相手の会社も，誰もが電子契約にサインできるわけではないのです。

　そこで，このフローにおいては，相手方に「電子契約を送る方のお名前とメールアドレスを教えてください」と連絡することになります。立会人型電子署名であれ，当事者型電子署名であれ，相手のメールアドレスに電子契約の締結を依頼するメールを送ることになりますので，そうした権限者とメールアドレスの確認フローが入ります。

　そうして相手の権限者とメールアドレスが判明したら，自社の中で電子契約を送る権限のある人から，当該相手方権限者に電子契約締結依頼

のメールを送ります。

　相手がメールを確認し，サインを行ったら，そこで電子契約締結となり，電子契約サービスの中の文書のステータスが「締結完了」に変わり，自動的にオンライン上に保管されることになります。

　電子契約の場合は，そもそもが電子データでやりとりされますので，紙契約とは異なり，締結完了後にスキャンしてアップロードしたり，キャビネットに保管したりする，といったことは不要で，通常は電子契約サービス上で保管・管理をそのまま行うことになります。

5　契約の業務フローで具体的に困ることは？

　では，こうしたフローにおいて，何が最も困ることなのでしょうか？業界用語ではペインなどと呼ばれていますが，法務事務のオペレーションにおいて何に困るのかを具体的に見ていきます。

【契約関連業務フローとペイン】

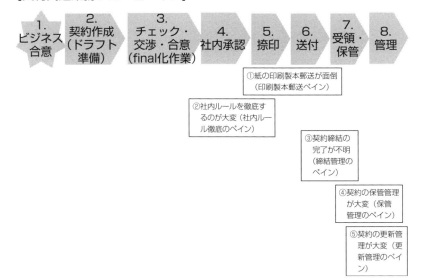

（1）　紙の印刷製本郵送が面倒（印刷製本郵送ペイン）

　紙の契約書を印刷して相手に送る場合，紙をプリンターで印刷した後，製本テープで製本する作業が必要になります。この製本作業は意外と大

変で，契約という重要な書類なので製本テープが撚れてはいけないというプレッシャーの中，丁寧にやる必要があります。

　また，自社の印鑑を押してもらうのにも，単に稟議を通すだけでなく，その後に捺印してもらうことも必要で，捺印が終わっても書類送付書などの書類を別途作らなくてはなりません。その書類送付書と契約書の原本2通をプラスチックファイルに入れて，封筒に入れて，宛名シールを印刷して貼って，最後には封をして郵便局に持っていくことが必要になります。

　文章で書くと簡単なことのように見えますが，実はこの一連の作業が非常に面倒なのです。稟議を待つ時間や捺印を待つ時間を除いても，契約書1つ送るのに，30分〜1時間以上は平気でかかります。一度やったことのある方であれば実感を持ってわかるかと思います。実際私も自分で起業した当初，この作業を自分でやってみて，何度も製本テープを貼り直したりして，1つの契約を送るのに1時間以上を要し，そのあまりの煩雑さに辟易とした思い出があります。

（2）　社内ルールを徹底するのが大変（社内ルール徹底のペイン）

　業務フローにおいては，社内ルールを設定し，それに沿って実務を行っていることを当然の前提として記載をしましたが，実際にはそう簡単にはいきません。社内ルールを定めたとしても，社員が数百名もいれば，瞬時に全社員に浸透することは期待できず，何度も周知し，ルール違反を何度も指摘してはじめてルールが社員に浸透していきます。

　たとえば，

- 前記の業務フローでは承認稟議を経た後，契約書を印刷して捺印ボックスに持ってくると述べましたが，社員によっては，承認稟議を得たらそれで終わりと勘違いして，あとはバックオフィスの人に任せたモードになってしまう（その結果ずっと契約書が先方に郵送されない）
- 承認稟議を経て捺印ボックスに印刷した契約書を持ってきたが，契約書が1通しか印刷されていない（再度印刷して製本する作業を行わなければならない）
- 承認稟議そのものを経ないでいきなり捺印ボックスに契約書を印刷して持ってくる（社内承認を経ていないのでそもそも契約を締結する意思決定がなされていない）
- 契約書を捺印ボックスに持ってきたとき，承認稟議の照合ができる状態となっていないので，この契約書に捺印してよいのかどうか，がはんこの管理者にわからない（その結果承認稟議の照合に時間を要し，調査に時間がかかる）

といった，社内ルールの不徹底が生じることになります。

そうなる会社の社員が怠慢だというよりは，社員が多くなればなるほど，社内ルールの徹底は困難であり，どこの会社でも多かれ少なかれこうした問題は生じています。

（3）　契約締結の完了が不明（締結管理のペイン）

契約書を送った後，契約書がなかなか相手から返送されてこないこともよくあります。その際，自社内で返送の有無を完全に確認できている自信があればよいのですが，担当者が返送されてきた契約書を自分の机に入れてしまっていた，といったことも頻繁に起きますので，相手に軽々しく「まだ契約書返ってきてないんですけど」と伝えることもできません。そうして契約書返送を相手がしたかどうかの確認に逡巡したまま，いたずらに時間が過ぎてしまう，といったことが起こります。

実際に，相手が返送してくれていなかったのに，返送を促さなかった

がために，契約締結が長期間にわたって完了しなかった，ということも起きています。

（4） 契約の保管管理が大変（保管管理のペイン）

契約書が返送されてきたらスキャンしてキャビネットに保管することになるのですが，契約書の数が増えてくると，キャビネットがどんどん埋まってきて，たくさんのスペースを取る，という事態になります。

過去に私が話を聞いた方の中には，契約書を保管するキャビネットの賃料だけで月数百万円にも上る，といったことを言っている方もいて，保管するだけでもお金がかかる状態となってしまいます。

また，保管しておくだけであればいいのですが，たまに，「過去のA社との契約の原本を確認したい」となることもあり，その際には，広いキャビネット保管庫にいき，無数の契約書の中からお目当ての契約書を探すことも必要になるので，管理も大変です。契約書の紛失や汚損といった事態も，紙の数が増えれば増えるほど確率は上がることになります。

（5） 契約の更新管理が大変（更新管理のペイン）

契約書には，通常期限があり，期限が来れば自動的に更新される契約と，そうではなく更新するかどうかを再度交渉する必要がある契約があります。紙契約をスキャンして保管しているだけだと，いつが更新期限なのか，ということがわからなくなり，気づいたら契約の有効期限が切れていた，ということも珍しくありません。短期のアルバイトを多く雇うようなビジネス業態などの場合には，こうした更新管理が煩雑であることが多いです。

*　　*　　*

以上が契約書締結フローにおける主な困りごとです。その他にも契約

書ひな形の管理が大変[3]，相手から受け取った契約書が最終ファイルと同じかわからない，などといった困りごともありますが，これらと比べると困りごとのレベルは落ちるので，ここではこの5つを取り上げることにしました。

3　会社が一定以上の規模になってくると，会社として各種契約書のひな形を揃え，それを管理する必要が出てきます。部署によって異なる内容の業務委託契約を使う，といったことを避けるために，常に契約書のひな形を最新版にアップデートしておくことも大変です。また，民法改正のような大きな法律改正があると，それに則した内容で契約書をアップデートする必要があるので，局地的にひな形の管理が大変になることもあります。

6 電子契約で困りごとは解決できるのか？

　では，これらの困りごとについて，電子契約を導入することで解消できるのでしょうか？　1つひとつ見ていきます。

　(1)の印刷製本郵送ペインについては，電子契約が解決することのできる最も本質的なものです。

　1通の契約書の印刷製本郵送に30分〜1時間かかっていた部分を，電子契約を使うことで大幅に時間を縮めることができます。

　ここで，当社で2021年夏に実際に行った調査の結果をお伝えします。

　20〜50代の男女20人の方に，契約の印刷製本郵送作業と電子契約の作業を行ってもらった結果，契約の印刷製本郵送作業には平均して2時間24分（人件費換算で2,524円）かかったのに対して，電子契約では平均して5分39秒（人件費換算で99円）と，大幅に時間を短縮することができました[4]。

4　調査当時，freeeサインはNINJA SIGNという名称でしたので調査レポートにおいてもNINJA SIGNと記載されています。

【書面・NINJA SIGN契約書の平均作成時間・費用】

書面
2時間24分
2,524円
【①NDA２部印刷→②製本→③押印→
④封入（送付状とともに）→⑤発送】

NINJA SIGN
5分39秒
平均99円
【①NDAテンプレート入力→②送信】

書面契約書

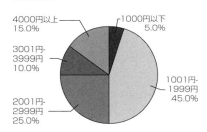

NINJA SIGN契約書

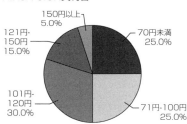

注：調査に参加した人によって実際の作業時間に差があり，作業時間に人件
　　費単価を掛けたものを算出して円グラフにしている。

　このように，紙の印刷製本郵送は非常に時間のかかるものですが，電子契約によってそこを大幅に削減することが可能です。

　契約書１つでこの時間差が生じる，ということですから，月に契約書を100通締結しているような会社であれば実に何百時間もの時間が効率化される，ということになります。

　そして，実はこの契約の印刷製本郵送を電子化すると，(3)の締結管理のペインや(4)の保管管理のペインも解決します。

　電子契約を送ると，以下のように，契約書のステータスが表示され，そこを確認することができることになります。

　たとえば当社のfreeeサインのケースだと，送信後，「確認待ち」「締結完了」といった具合に，契約書のステータスを１つひとつ管理できるので，締結したかどうかわからない，ということがなくなります。

【契約締結ステータスの画面】

文書管理

- 🏷 完了
- 🏷 要確認
- 🏷 確認待ち
- 🏷 受け取り待ち
- 🏷 作成中
- 🏷 有効期限切れ
- 🏷 却下
- 🏷 全てのステータス

　また，保管管理についても戻ってきたものを受け渡してスキャンしてキャビネットに保管，ということがなくなり，自動的に電子契約サービスに保管されることになりますので保管管理のペインもなくなります。

　これもfreeeサインの画面ですが，添付のように締結された契約書は「文書一覧」という画面に保管されており，ステータスとともに過去作成・送信・締結したすべての契約を確認できます。

【文書一覧の画面】

　また，(5)の更新管理のペインについては，電子契約だと，リマインダーと呼ばれる機能が付いていることが多く，個々の契約にリマインドを送りたい期限をつけておくと，自動的にその時期に対象者にリマインドが送れる，という仕組みになっています。

　freeeサインの場合には，以下のような画面で，リマインド機能のマークを押し，リマインドしたい相手や時期を指定することで，リマインドのメールが送られてくる仕組みになっています。

【リマインド機能の画面】

最後に，(2)の社内ルール徹底のペインについても，電子契約で解消できます。ここはサービスによって違いはありますが，通常は，電子契約に権限管理という機能があり，様々な権限を設けることで解消しています。

具体的には，freeeサインの場合，契約書の送信だけできる権限，締結できる権限，契約書管理ができる権限，といった形で権限を分化させることで，営業担当者が勝手に契約書を送るのを防いだり，契約書の管理は総務部の人だけが行う，といったことが可能になり，社内ルールを守ってもらうことができるようになっています。freeeサインの場合には，権限は作成，作成・送信，文書管理，締結・文書管理，全権管理といった形で5種類の権限を設けています。

【5権限の比較図】

全権管理
すべての操作・設定が行える

締結・文書管理
設定以外の文書操作が行える

文書管理
締結処理以外の文書操作が行える

作成・送信
文書の作成と送信が行える

作成
文書の作成のみ行える

　また，電子契約とワークフローツールを連携させることで，ワークフローツールで稟議が承認されたら，自動的に契約書の最終ファイルが相手に送られる，といったことを実現して，稟議承認されない状態での送信を防ぐことができます。freeeサインの場合には，freeeが別サービスで提供しているワークフローと連携させることで，稟議承認が終わるとそのまま契約書を送信できる仕組みを設けています。

　このように，紙契約のときの困りごとが様々な電子契約サービスの機能の組合せによって解消されていきます。

　電子契約サービスは，その機能をフルに活用して使うことで，既存の契約関連業務フローの困りごとを解消し，経営の効率化・高度化を実現できるサービスなのです。

第**6**章

電子契約導入の5ステップと社内の説得手法

電子契約にあふれる「わからない」を なくそう

　電子契約が何を解決するツールなのか，という点や電子契約を入れることで解決できるペインを見てきました。

　電子契約に関連する知識，法律や技術の「わからない」部分についてはこれまで見てきましたが，最も大きいのは導入までのステップが「わからない」ということだと思います。

　そこで，本章では，どんなきっかけで電子契約を導入することになるのか，について見たうえで，導入までのステップを検討し，導入する際のポイントについてもお伝えしていきたいと思います。

　導入までのステップですが，大きく分けて，

ステップ１　対象契約の洗い出し・コスト試算 ステップ２　サービスの比較検討 ステップ３　導入決定 ステップ４　導入準備 ステップ５　利用開始

の５つに分かれます。

2　電子契約導入のきっかけ

　では，そうした電子契約はどのようなきっかけで導入されるのでしょうか。私は，一番大きいのは「外圧」である，と考えています。

　以下は，Googleトレンドで，「電子契約」というワードの検索数を過去5年にわたって抜き出したものです。Googleトレンドというのは，あるワードの検索数を特定期間にわたって抜き出したものです。100と記載されているのが特定期間で最も検索された日でそれを基準にほかの日がどの程度の検索数だったのか，というのを相対値で示しています。

【Googleトレンドの図】

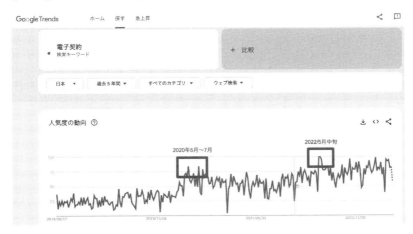

　これを見ればわかるように，最初に電子契約が流行したのは，疑いもなくコロナ禍の時期です。なぜこの時期に流行したのかというと，「は

んこ出社」が社会トレンドとなり、政府が積極的に動いて数々の行政解釈を出し、「紙とはんこがなくても契約は可能なのだ」という形で電子契約普及の後押しをしたからです。

　その後、2022年5月末にも山がありますが、これは宅建業法の改正をはじめとするデジタル改革関連法案の施行がこの時期だったからです。

　このように、メディア報道、行政解釈、法律改正が「外圧」として働くことで電子契約がトレンドとなり、導入が一気に進む、という構図です。

　もちろん、外圧によって導入するのが悪い、ということではないのですが、社内から真の効率化目的で導入する、というきっかけではないので、ともすると、導入して終わり、ということにもなりかねません。

　私が実際にお話を聞いた会社でも、電子契約を導入したが実際には9割が紙の契約のまま、という会社も実は珍しくありません。

　したがって、導入までも大変は大変なのですが、導入してからが最も大変だ、ということは覚えておいていただければと思います。

　電子契約を導入することは、少なからず既存の業務フローを変えるということであり、導入の効果を最大限出すには業務負荷も生じます。

　特に、導入初期の段階では、業務フローを変えることへの社内の抵抗も予想されますし、一気には変えられないので、負荷がかかります。

　でも、電子契約は、うまく利用すれば大きく業務が効率化するばかりか、これまで紙でしかとらえられていなかった情報をデータ化していくことになりますので、業務そのものを高度化するチャンスでもあります。

　「外圧」で電子契約を導入することになったとしても、しっかりと自発的に業務効率化の意思をもって導入を進めていくことが必要です。

3 導入ステップ1：対象契約を洗い出し，コストメリットを試算しよう

いよいよ具体的な導入ステップに入っていきましょう。

まずは，電子契約にする契約書や文書を検討することから始めることになります。その手順は以下のとおりです。

> （1）社内の契約書を種類別に洗い出し，関係部署，月間作成数，かかっているコスト，電子契約のしやすさを評価する。
> （2）（1）の中から，まずは電子化する文書を決定する。
> （3）電子化すると決定した文書について印紙代，送料，人件費（業務時間）を試算する。

（1）社内の契約書を種類別に洗い出し，関係部署，月間作成数，かかっているコスト，電子契約のしやすさを評価する

電子契約サービスを導入するといっても，すべての契約書を一気にというわけにはいかず，できるものから順々に電子化していくことになります。では，何が電子化しやすいのかというのを決める必要があるわけですが，その前提として，社内の契約書を洗い出す必要があります。

ここでは，契約書だけでなく，社内の文書全般を洗い出すようにしましょう。例えば，社内通知（労働者代表が決まった旨の通知や，就業規則が変更された旨の通知など）も紙文書には違いありませんので，こうした忘れてしまいがちな文書についてもくまなく洗い出しましょう。

具体例として，以下のような評価表を作ってみましょう。

【対象契約を洗い出すための評価表の例】

契約書種別	関係部署	月間作成数	コスト	取り組みやすさ
秘密保持契約	営業	40	小	3
代理店契約	法務, 営業推進	10	大	3
…	…	…	…	…

※ 関係部署には契約に主に関係する部署を記載。
※ 月間作成数はだいたいの通数。「多い」,「少ない」などでも可。
※ コストは印紙代, 送料, 人件費を踏まえた定性的評価で可。
※ 相手方が受け入れてくれるかどうか, 関係部署が多岐にわたるかなどを踏まえて, 電子化への取り組みやすさを評価。この例では1-3で取り組みやすいものを3と評価。

（2）（1）の中から，まずは電子化する文書を決定する

　上記のような表を作成したら，今後はその表の中から，手始めに電子化する文書を決定しましょう。ゆくゆくはすべて電子化するにしても，まずは費用対効果の高い文書から電子化していく，あるいは取り組みやすい文書から電子化していく，というのが適切ですので，決定する際には，印紙代が多くかかっている契約や，社内の人を相手にした文書で電子化が容易にできそうなものを選択しましょう。ここで決定しても後で変更することはいくらでも可能ですので，あくまで仮決めくらいの感覚で決定すれば大丈夫です。

（3）電子化すると決定した文書について印紙代，送料，人件費（業務時間）を試算する

　そうしてどの文書を手始めに電子化していくか決定したら，当該文書についてより精緻にかかっているコストを試算してみてください。

　ここで試算されるコストが，電子化したときに削減されるコストでもありますので，コストメリットを明確化することができますし，実際に数値になることで，「あ，こんなにコスト削減できるんだ」という導入

の意気込みにもつながることになりますので，ぜひここはやってみてください。

　こうして削減期待コストを試算すると，多くの場合，電子契約サービスの導入費用よりも削減されるコストのほうが大きく上回ります。コスト削減といった目に見える部分だけでも，電子契約サービス導入のメリットが大きいことがわかると思います。

【コスト試算表の例】

契約書種別	年間通数	印紙代/通	郵送料/通信費	年間業務時間
秘密保持契約	480通	0円	400円	200時間
代理店契約	120通	4,000円	500円	150時間
…	…	…	…	…

削減期待コスト	印紙代削減分		A円
	郵送料削減分		B円
1時間当たり人件費　〇円	業務時間削減分		C円
	合計		A+B+C円

146

社内の業務フロー把握は超重要

こらむ

　ステップ１の作業を行う際には，必ず，社内の業務フローを把握するようにしてください。

　社内の契約書などの文書を羅列するだけではなく，その文書に，どの部署の人が関わっていて，どんなフローで締結・通知されているのか，という点を可視化することが重要です。

　例えば，営業部門が取った案件を契約締結するフローについては，通常，以下のようなフローを通って検討されていきます。

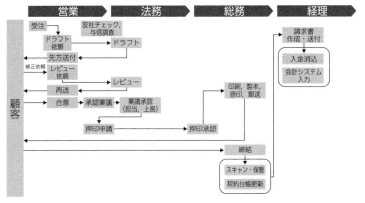

※　紙の契約書による通常の業務フローを想定

　１つの契約書だけであっても，営業，法務，総務，経理の各部門が関わっていることがわかるかと思います。会社によっては法務と総務を１つの部で兼ねているケースもありますし，営業推進や営業事務のような部署があり，そこが契約書のやり取りをするケースもありますが，いずれにせよ，１つの契約書だけで複数部門が関わってきて，業務フローを構成しているのが通常です。

　日本の会社の業務フローというのは本当に十人十色で，会社や業種

によって違いが大きい部分です。電子契約を導入する，ということは少なからず業務フローに影響を与えることになりますので，前提となる業務フローについてはしっかりと理解をしておくことが必要です。

　ステップ1の表を作る際には，ぜひこの業務フローを意識して作成してください。それにより導入後の効果の出やすさが違ってきます。

4 導入ステップ２：サービスの比較検討に必要な３つのＦ

　導入ステップ２では，いよいよ電子契約サービスの比較検討に入っていきます。

　電子契約サービスについては，普及段階に入ったのはつい最近ですから，ほとんどの会社は過去に導入したことがない状態です。したがって，どのような観点で電子契約サービスを選択すればよいのか，という軸を持っていない会社がほとんどです。

　一方で，電子契約サービスの場合，必ずといってよいほど比較検討のプロセスが入ります。契約という，事業運営上，重要な文書をやり取りするサービスですから，よりよいサービスを導入しようとするのは当然ですよね。

　こうして，「必ず比較検討するけど，比較の観点がわからない」という状況が生まれます。電子契約サービスを提供していると，「とりあえず情報収集を」という会社が非常に多いのですが，それは，情報収集をしないと比較検討することができないからです。ただ，５社も６社も情報収集をしていると，逆に何が何だかわからなくなってしまう，という状況も生じてしまいます。

　そこで，電子契約サービスをどのように比較するべきか，という点についてお話ししていきます。比較をするにあたっては，通常，比較表を作ることになりますが，比較表を作る際に，重視すべき観点として以下の３つがあります。いずれも頭文字をとって比較検討に必要な３つのＦとして覚えてください。

（1）FIT：自社の業務フローとフィットするか
（2）FOLLOW：フォローが充実しているか
（3）FAIR：費用対効果が合うか

（1）FIT：自社の業務フローとフィットするか

　電子契約サービス導入の事前準備として，自社の業務フローを洗い出しました。それを踏まえて，自社の業務フローを効率化することができるのか，という観点から考えることが重要です。言い方を変えれば，電子契約導入後の業務フローを検討していくのです。

　そのサービスそのものを導入することで，逆に業務が複雑になってしまうのでは元も子もないですから，自社の業務フローとフィットする形で導入が可能なのかどうか，という観点を外すことはできません。

　その際，自社として外せないという部分が必要な機能になります。例えば，「内部統制上，勝手に契約書を送信されると困る」ということであれば，担当者が勝手に契約書を送付できない機能があるか，「給与改定通知など一気に多数に同じ文書を送りたい」ということであれば，一括作成機能があるか，といった部分が重要になります。

　よくあるのが，単純に機能の「ある」，「なし」だけを比較して，自社にとってどうしても必要な機能は何なのか，ということがわかっていないケースです。機能があっても使わない機能であればあっても仕方がありませんので，必要十分な機能が何なのか，という点を自社が外せないポイントから考えていくことが必要になります。

（2）FOLLOW：フォローが充実しているか

　ここまで，対象契約の洗い出しやコスト試算，自社にとって必須の機能は何なのか，ということはすべて自社で考えてください，というスタ

ンスでお話ししてきました。

　しかしながら，現実には自社でこれらの点を十分に検討することは困難です。法務部のリソースが豊富にある大企業であればまだしも，日常業務に忙しく追われている傍らで，社内の文書洗い出しやコスト試算，社内フローの変更前後の把握までカバーすることはできないでしょう。

　また，うまくそこまではカバーできたとしても，導入すれば導入したで疑問や不安がたくさん湧いてきます。初めて導入するサービスなのですから当然です。まして，今後は頻繁な法改正や規制緩和が予定されているわけですから，それを都度キャッチアップするのは至難の業といえます。

　そこで，比較の視点として重要なのが，フォローが充実しているか，ということです。メールやチャットのほか，営業担当にすぐに聞くことができる体制があるか，というフォローに加え，最新の法改正や政府動向について情報を提供してくれるのか，といった総合的なフォロー体制は非常に重要です。

　営業中は各社サービス「フォローが充実しています」というトークをするのですが，本当に会社としてフォローを重視しているのか，という点は，説明資料や，営業担当のちょっとしたレスポンスの早さなどで感じることは十分に可能です。会社としての情報発信の姿勢も重要です。

　「フォローが充実，というのは具体的には何を指しているのか」といった質問をしてみてください。具体的なアクションのレベルになれば，各社で対応が違っていることがわかるはずです。

　例えば，当社が提供するfreeeサイン（フリーサイン）は，まさにこのフォローの部分に注力しています。本書のように情報を整理し，わかりやすい形に加工してお客様にご提供することはもとより，時々刻々変わる法規制の情報をタイミングよくお届けするようにしています。そして，実際の導入支援という意味でも，実際にお客様が使えるようになり，

業務を効率化することが何より重要である，という観点から，フォローを最も重視しています。真に使える電子契約サービスを目指すからには，フォローが最も重要だと考えているのです。

（3）FAIR：費用対効果が合うか

　少し話がそれましたが，自社業務へのFITやFOLLOWの充実度のほかは，費用対効果が重要です。ここでいう効果は，どれだけ業務効率化されるか，ということであり，機能がどのくらいあるかということはあまり関係がありません。少ない機能でも使えるサービスのほうが有用です。正直なところ，費用は電子契約サービス全体として高くないので，この観点は（1）（2）に比べると少し優先度は落ちるといえるでしょう。

　参考までに，比較表として，どのような表を作るとよいか，という例を挙げておきます。自社業務にFITし，導入前後のFOLLOWが充実し，FAIRな料金で費用対効果が合うサービスであれば，導入してよかった，となるはずです。

【比較表の例】

	サービスA	サービスB	サービスC
特徴メモ	ワークフロー[1] 機能充実	シンプルで 使いやすい	フォローが充実 していそう
アカウント数	10	5	無制限
月額	5万円	2万円	10万円
テンプレート登録 機能	○	△	◎
ストレージ (保管容量)	無制限	10GBまで (以降無制限)	無制限
…	…	…	…

---

1 業務のやり取りの流れ，業務フローのこと。

5　導入ステップ3：意外とすんなりいかない導入決定

　サービスの比較検討を終えたら，いよいよ導入決定のステップ3に入っていきます。

　電子契約サービスを導入した場合，最も頻繁に使うことになるのは担当者です。したがって，担当者が比較検討をして，最も自社に適したサービスを選択することが重要です。

　ただし，契約というのは会社のビジネスにおける重要な文書であることから，電子契約サービスの導入を担当者の一存で決定できるケースというのはほとんどありません。多くは役員レベルまで決裁が必要になりますので，担当者レベルでサービスを決定したら，役員などの上長を説得する，というプロセスが必要になります。

　当社のfreeeサイン（フリーサイン）でも，担当者レベルではニンジャサインがよいとなったが，上長承認で否決された例はありますし，逆に担当者は違うサービスを選択したかったが，他の部署や上長の意見でfreeeサインに変更された，という例もあります。意外と担当者と上長の意見が合致しないことが多いのがこの電子契約サービスです。

　では，上長はどのような思考回路で判断しているのでしょうか。当社の事例をもとに整理すると，以下の観点で役員や上長は判断しているといえます。

（1）コスト削減になるか

　印紙代や印刷代，紙代や保管代などの実費がどの程度削減されるのか，という点と，人件費がどの程度削減されるのか，という点です。ステッ

プ1でコスト試算をしていれば，この点についてはすでに資料ができ上がっているはずです。

　上長の傾向としては，直接的にコストが削減される実費分のコスト削減にはより敏感な傾向があります。人件費の削減については，支払う給料が減るわけではありませんから，実費よりも重視しない傾向にあるといえます。

（2）売上向上になるか

　営業部門の申込書や契約書に使う場合に限られますが，申込書の返送や不備の補正に関する工数が削減できる，ということが可視化されていれば，その結果として営業人員が他のことに時間を使えることになるので，売上が向上する，ということであれば，それは導入に対して非常に前向きな理由になります。

　役員レベルにとって最も重要なのは売上が上がることですので，電子契約サービスの導入に伴って営業の成績が上がり，売上が向上することが見込まれるのであれば，導入への支障はなくなります。

（3）従業員満足度の向上になるか

　最近では，従業員のエンゲージメントや健康経営といった点がクローズアップされ，従業員に対してどの程度配慮した対応をしているか，というのが会社の外部からの評価指標の1つとなっています。

　そうした中，コロナ禍での出社を減らす方策として電子契約サービスが位置づけられ，従業員の満足度を向上する動きにつながる，ということであれば導入に積極的になります。また，残業時間を減らすことができれば，従業員満足の向上と残業代削減の両者を実現できるので，この点も訴求できます。

（4）顧客や取引先の満足になるか

　例えば，個人向けの商売をしている場合，電子契約にすることで契約書や申込書の回収スピードが格段に早くなりますので，顧客の満足度向上につながります。

　また，金融機関など，1つの取引の際に多数の書類を相手方から受け取ることが必要な場合，電子契約にすることで取引相手の負担は圧倒的に軽減することになります。こうした顧客や取引先の満足につながるかどうか，という点も重要な観点です。

＊　　　＊　　　＊

　こうした上長の思考回路を踏まえ，社内稟議用の資料を作成するべきでしょう。

6 導入ステップ4：導入準備

　どのサービスを導入するか，担当者レベルで決定し，上長承認も得たら，いよいよ契約を経て導入に入っていきます。

　その際，重要になるのが，

（1）　社内/取引先への周知
（2）　社内規程の変更
（3）　運用マニュアルの作成
（4）　電子契約サービスの初期設定

ということになります。

（1）社内/取引先への周知

　社内や取引先への周知については，電子契約とは何かといった点から使い方に至るまで，簡単に文書にして取引先に対して通知することになります。

　こちらについては，当社が作成している資料を参考までに次頁に掲載しておきます。

【取引先向け通知】

2020 年〇月〇日

お取引先各位

株式会社〇〇

各種書類電子化のご案内

平素より大変お世話になっております。
さて、弊社では、書類のペーパーレス化に取り組んでおります。

その一環として、〇〇とやり取りする各種書類（申込書・請求書等）に関しまして、従来の紙での書類送付・提出から、電子上での書類送付・提出の対応とさせて頂きたく、以下の通りお願い申し上げます。

電子上での書類送付・提出については、従来の紙での書類送付・提出と同じように契約が成立致します。（契約では「誰が、いつ、なにを契約したか」ということを明らかにすることが重要ですが、電子契約でも同様に証明することが可能ですので、ご安心下さい。）

電子上での書類送付・提出の方法につきましては、以下の通りとなります。

▼書類送付・提出の方法

紙の書類を受け取り、書面上に必要事項を記入、押印し、提出していた作業を、
電子上での記入、提出に置き換えます。
※パソコンやスマートフォンをお持ちであれば、特別な準備やご対応は必要ありません

【具体的な手順】
① freeeサイン というサービスから、書類送付の通知がメールで届きます。
②メール内の URL をクリックし、送られてきた書類の内容を確認。
　内容に問題なければ、必須項目を記入し、「受領・署名する」ボタンをクリック頂ければ
　完了となります。

（操作画面イメージ）

③受領・署名が完了すると、完了の通知がメールで届きます。

書類の PDF データをダウンロードすればデータを電子上で保管することが可能です。

（2）社内規程の変更

　また，社内規程の変更については，印章管理規程，押印規程，文書管理規程を変更するのが通常です。

　これまで電子契約を使ったことがない会社であれば，これらの規程はすべて紙文書をベースにして作成されていますので，電子契約も許容する形に修正する必要があります。

　こちらについても，当社で用意し顧客にお渡ししている文書の一部を抜粋して以下に記載しておきます。

【規定変更に関する文書の一部抜粋】

文書等管理規程【サンプル】

第1条（目的）
　本規程は、文書及び電磁的記録の保存及び管理に関し必要な事項を定めるものである。

第2条（定義）
1．「文書」とは、業務上のすべての書類、印刷物その他一切の記録をいう。
2．「電磁的記録」とは、電子的方式、磁気的方式その他人の知覚によっては認識することができない方式で作られる記録であって、電子計算機による情報処理の用に供されるものをいい、電子契約、電子帳簿その他の業務上の記録をいう。
3．「文書等」とは、文書及び電磁的記録をいう。

第3条（適用文書等の範囲）
　本規程の適用を受ける文書等は、諸規程、決裁書、契約書、議事録、決算書、証憑書類その他一切の文書又は電磁的記録であって、一定期間保存を要するものをいう。

第4条（保存対象、保存期間及び主管部署）
1．保存対象となる文書等（以下「保存文書等」という。）及び保存期間については、法令その他特別に定める場合のほか、別表にこれを定める。
2．保存文書等については、別表に主管部署を定める。
3．保存方法について、文書は鍵のかかる金属製保管庫に保管する。電磁的記録については発信先及び閲覧許可者の設定を関係者に限定し、パスワード設定及び定期的なバックアップを行うものとする。

第5条（廃棄）
1．保存期間を経過した保存文書等は廃棄する。ただし、廃棄時において、主管部署の責任者が特に必要と認めた場合には、保存期間を延長することができる。
2．保存期間内の保存文書等であっても、主管部署の責任者が保存の必要がないと判断した場合には、廃棄することができる。
3．廃棄を決定した文書等については、当該文書等の内容を考慮して、焼却、裁断、消去、物理的破壊等の処分をする。

第6条（改廃）
　この規程の改廃は、取締役会の決議による。

制定　令和●年●月●日
改定　令和●年●月●日

文書等管理規程別表

文書等区分	保存文書等名	保存期間	主管部署
経営	定款	永久	法務部
	株主名簿	永久	法務部
	株主総会議事録	作成の日から 10 年	法務部
	株式会社招集通知	作成の日から 10 年	法務部
	取締役会議事録	作成の日から 10 年	法務部
	稟議書	期末日から 10 年	総務部
	内部監査報告書	作成の日から 10 年	内部監査
経理財務	計算書類	期末日から 10 年	経理部
	会計帳簿	期末日から 10 年	経理部
	開示書類	期末日から 10 年	経理部
	税金納付書等	永久	経理部
	取引証票書類	期末日から 7 年	経理部
人事	人事諸届	5 年	人事部
	雇用契約書	退職後 10 年	人事部
	給与支給明細	10 年	人事部
	所得税関係	10 年	人事部
	社会保険関係	10 年	人事部
法務	契約書	終了後 10 年	法務部
	官公庁届出書類	永久	法務部
	増減資及び新株予約権関係	永久	法務部
	商標関係	永久	法務部
	その他法務関係	10 年	法務部

（3）運用マニュアルの作成

　そして，運用マニュアルについても作成して社内に周知する（通常は
メールで送信する，またはクラウド上において見ておくように促す）こ
とが必要になります。

　正直，この運用マニュアルを社内で作成することは困難ですので，各
電子契約サービスが用意しているマニュアルをもとに周知することで足
りると考えられます。こちらも参考までに当社で配布しているマニュア
ルの目次を掲載しておきます。分量として数百頁に及ぶ仔細なものに
なっていますので，すべて読むというよりは，辞書的に使っていただく
ことを想定している資料です。

【運用マニュアルの目次】

【全プラン共通】利用マニュアル

freee サイン

＜おことわり＞
2022年3月8日より、「NINJA SIGN by freee」は「freeeサイン」に名称変更いたしました。

マニュアル類に記載の名称・画面キャプチャにつきましては、今後随時更新のうえ公開させていただきますので、あらかじめご了承いただけますようお願い申し上げます。

2019年12月1日作成
2023年1月10日更新
freeeサイン事務局

目次　　　　　　　　　　　　　　　　　　　　freee サイン

2

目次　　✦ freee サイン

3　Copyright © 2022 freee sign Inc. All Rights Reserved.

目次　　✦ freee サイン

4　Copyright © 2022 freee sign Inc. All Rights Reserved.

（4）電子契約サービスの初期設定

　電子契約サービスには，現状でもさまざまな機能が備わっていますので，使い始める前に初期設定が必要になります。

　初期設定では，だれがアカウントを持つのか，管理者権限とそうでない権限はだれが持つのか，よく使う契約のテンプレートの入れ込み，ワークフローの設定などを行っていき，自社に適した電子契約サービスへと構築していくことが必要になります。

他サービスとのAPI連携で効率化を加速

　電子契約サービスは，あらゆる文書の電子化に対応できますので，幅広く使えば使うほど，部署横断的に利用されるサービスになっていきます。

　そして，一定以上の規模の会社になると，すでに既存のシステムが入っているケースが多くあります。例えば，

> • 稟議についてはすでに電子化を進めており，ワークフローシステムを入れている。
> • 営業の案件管理についてはCRM[2]ツールをすでに入れており，そこで案件管理をしている。

といった具合に部署ごとにシステムを入れているケースもあれば，

> • 基幹システムやERP[3]といった部署横断的なシステムをすでに入れている。

というケースもあります。

　こうした場合，電子契約サービスのみを独立して利用する，というのは中長期的に見ると好ましくありませんので，API（アプリケーションプログラミングインターフェースの略でソフトウェアの機能を外部に公開して共有する仕組みのことです）連携と呼ばれる機能を使って，システム同士をつなげていく工夫が必要になります。

　例えば，稟議システムで稟議が終わったら，そこに入れ込まれている情報をもとに電子契約システムにデータが渡され，電子契約が完了

2　Customer Relationship Managementの略で顧客管理システムを指します。
3　Enterprise Resource Planningの略で統合業務基幹システムを指します。

166

したらその旨が稟議システムにも入れ込まれる，といった具合に，システム同士がシームレスに連携していくのがAPI連携です。

　ただ，常にAPI連携をすることだけが唯一解ではなく，自社の業務フローや既存システムの活用度合い，電子契約サービスの使い方などを総合的に判断して，API連携するべきかどうかを決定していくべきです。

　API連携しても業務が効率化しなかった，あるいは，API連携したことで逆に使いにくくなった，というのでは本末転倒ですので，連携する場合にも，どのデータをどう連携させるのか，という点をしっかりと検討してから連携していくことが肝要です。

7　導入ステップ5：利用開始

　ステップ4までを終えたら，いよいよ利用開始です。

　利用を開始したことで，いろいろな疑問点やトラブルが生じる場合もあります。その場合には，フォロー制度を利用して積極的に質問をしていきましょう。

　電子契約サービスは，導入してからが本当のスタートです。手始めに電子化する契約を決めたら，それを徐々に拡大していくことが必要になります。

　また，導入にあたっては，段階に分けて導入を拡大していくことが必要です。

　まずは電子化しやすい秘密保持契約書や業務委託契約書を電子化，その後，人事系の書類にも広げて，最後は取引基本契約書に広げる，といった具合に，社内のあらゆる文書が電子化できるようにスケジュールを組みましょう。ほんの一例ですが，以下の表のような形でステップごとの対象契約や時期，関係部署を記載したスケジュールだけでも作っておくと，社内に説明しやすいですし，行動目標にもしやすいので，ぜひ導入を深耕させていくためのスケジュールを組んでみてください。当社では，導入の際，原則としてこうした導入のスケジュールまでご提示して電子化のロードマップを意識していただけるようにしています。

　最初の半年くらいで社内全体に電子化の流れを広げることができれば，電子契約サービスの導入としては成功といえます。

【導入スケジュールの例】

	ステップ1	ステップ2	ステップ3
概要	• 秘密保持契約 • 業務委託契約	以下のような人事系書類 • 雇用契約 • 労働条件通知	• 取引基本契約
時期	2020.7-10	2020.11-2020.12	2021.1-
通数	月間200	月間100	月間50
関係部署	営業，管理	人事	営業，管理，役員

8　うまく電子契約を浸透させるためのポイント

　導入ステップ5まで終えたら，電子契約の運用フェーズに入っていきます。電子契約の場合，最初からすべての契約が電子化できることはまずなく，徐々に電子化を進めていくことが必要です。

　導入するにあたって，うまく導入を進めるにはいくつかのポイントがありますので，ここではそれをご紹介します。

（1）　社内の電子契約に対するリテラシーを上げる

　運用当初は社内の電子契約に関するリテラシーも上がってきませんので，何度も運用に関する情報共有会・説明会を開催するなど，リテラシーを上げることが必要です。導入担当者は，導入時点でかなり電子契約のことを理解していますが，そのほかの方は「●●サインを導入するらしい」という知らせを耳にした，という程度の話で，電子契約についてまだ「わからない」状態です。

　運用マニュアルも作るとは思いますが，みんながみんなそれをしっかり読んでくれるわけではありません。

　電子契約のほうが社内手続が面倒，という認識になると，何か理由をつけて電子契約ではなく紙の契約で締結しようとしますのでここで社内の電子契約リテラシーを上げることは重要です。

（2）　すべて電子化するのは狙わない

　電子契約の場合，相手も電子契約の締結にGoサインを出すことが必要になりますが，2023年の段階では，日本社会全体に電子契約が普及し

きっている状態ではありませんので，相手が電子契約を拒絶することにより，電子化できない，という事態が生じます。取引相手の規模や属性にもよりますが，社内にある契約書を100としたら，100電子化できている会社というのは本当に稀です。導入担当者としても，100電子化するのではなく，まずは90電子化する，という期待値を持っておくのがよいと思います。

　残りの10については，紙契約が残ることになりますので，その紙契約については，電子契約サービスに一元化して保管しておくと，契約書全部を一元管理できることになり便利です。

9　導入のケーススタディ

　では，ここまでで解説したステップに沿って，架空の忍者株式会社を
事例にして，導入のケーススタディをしていきましょう。このケースス
タディは，当社がこれまで経験した例を個別事例がわからないように混
合したものです。自社に近い部分があればぜひ取り入れてみてください。

忍者株式会社のケース：

設立：1990年

事業内容：忍者イベントの企画・運営・実施

代表者：忍者太郎

従業員数：100名（うち非正規雇用50名）

売上：15億円

本店所在地：三重県伊賀市

資本金：1,000万円（未上場，株式はすべて忍者太郎が保有）

その他拠点：東京営業所，大阪営業所

備考：現状はすべての契約を紙で行っている。忍者太郎が，最近の脱ハ
　　　ンコの流れを受け，自社の契約書も電子化したほうがいいのではない
　　　かと思っており，管理部の担当である忍者花子に調査を命じた。忍者
　　　花子は管理部において総務，法務を兼任。人事部は別にあり，採用と
　　　労務を手裏健一が担当。

【事例】

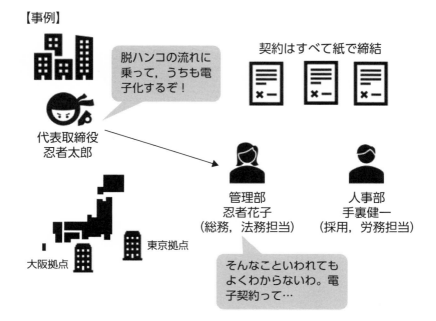

契約はすべて紙で締結

脱ハンコの流れに
乗って，うちも電
子化するぞ！

代表取締役
忍者太郎

大阪拠点

東京拠点

管理部
忍者花子
（総務，法務担当）

人事部
手裏健一
（採用，労務担当）

そんなこといわれても
よくわからないわ。電
子契約って…

　さて，再度導入のステップについて復習しましょう。以下のステップ
でしたね。順番に検討していきます。

ステップ１　対象契約の洗い出し・コスト試算
ステップ２　サービスの比較検討
ステップ３　導入決定
ステップ４　導入準備
ステップ５　利用開始

ステップ1：対象契約の洗い出し・コスト試算

　オーナー社長である忍者太郎の鶴の一声で，とりあえずインターネット検索で電子契約を調べはじめたものの，いくつものサービスが乱立しており，何が違うのかよくわからない忍者花子。そもそも，忍者花子は法務をたまたま兼務でやっているだけであり，法務は専門ではないので，電子契約というものが何なのかすらわかっていない状況です。

　そんな折，忍者花子は本屋で『ゼロからわかる電子契約』を見つけ，購入して読んだところ，電子契約の有用性に気づき，「よし，業務を効率化・高度化するぞ」と気持ちを新たにしました。

　忍者花子は，本書に基づき，早速電子化し得る契約書について列記しはじめました。

　忍者株式会社は忍者イベントの企画・運営・実施を事業とする会社であり，イベントの実施にあたっては，取引先と**秘密保持契約**を締結したうえで，実際のイベントはすべて自社社員で実施するわけではなく，外部の委託先会社や個人事業主に一部委託して行っていて，**業務委託契約**を締結します。また，イベント会場の手配にあたり場所の提供主との間で**会場利用契約**を締結しています。

　加えて，少数ながら毎年正社員を追加で雇用していますので，**正社員雇用契約**も存在します。アルバイトについては，イベントの際に忍者の実演をしたり，イベントの説明をしたりするため，日雇いの形で雇う者が多数に上りますので，**アルバイト雇用契約**は多数存在します。正社員雇用契約やアルバイト雇用契約については人事部の採用，労務担当である手裏健一が担当しています。

　こうした事情を踏まえて，以下の表で対象契約を洗い出しました。

　ちなみに，忍者株式会社は社員100名の会社ですので，法務部はなく，管理部が法務や総務を担っています。また，従業員については社員，ア

ルバイトともに人事部が対応しています。

契約書種別	関係部署	月間作成数	コスト	取り組みやすさ
秘密保持契約	営業，管理	10	中	取り組みやすい
業務委託契約	管理	20	中	取り組みやすい
会場利用契約	営業，管理	4	小	取り組みにくい
正社員雇用契約	人事	1	小	取り組みやすい
アルバイト雇用契約	人事	200	大	取り組みやすい

　この中で電子化しやすい契約からはじめていくのがよいでしょう。明らかにアルバイト雇用契約の数が突出している一方で，相手は一個人のアルバイトですから，非常に電子化しやすい契約といえます（電子化しやすい契約の判断基準については180頁のコラムで述べます）。

　したがって，忍者花子は，最初にアルバイト雇用契約を電子化していくことにしました。その前提で削減期待コストを計算すると，以下のようになります。

　アルバイトの雇用契約については手裏健一の下で派遣社員が担当しているので，時給1,800円としてその他諸経費を含めてざっくり1時間2,000円と計算しています。1時間当たりの人件費コストはだいたい2,000－4,000円に収まりますので，もし精緻な計算が面倒な方は2,000－3,000円程度と見ておくとよいでしょう。下記の表では1時間当たり人件費は2,000円としています。

　また，アルバイト雇用契約の往復の送料で400円，1通当たり15分程度は郵送準備や宛名書きなどのプロセスに要していることから，年間2,400通に対して600時間程度を要していると計算しています。

契約書種別	年間通数	印紙代/通	郵送料/通信費	年間業務時間
アルバイト雇用契約	2,400通	0円	400円	600時間

削減期待コスト	印紙代削減分	0円
	郵送料削減分	96万円
	業務時間削減分 （1時間当たり人件費2,000円）	120万円
	合計	216万円

　こうして見ると，アルバイト雇用契約を電子化するだけで，216万円ものコスト削減を実現することができることがわかりました。

ステップ2：サービスの比較検討

　こうして，まずはアルバイト雇用契約を電子化する，ということが決まったら，いよいよ電子契約サービスの比較検討に入っていきましょう。
　サービスの比較検討にあたっては，

- 自社の業務フローとフィットするか
- フォローが充実しているか
- 費用対効果が合うか

の3つのFが重要でした。忍者花子もそれに沿って検討していきました。
　忍者株式会社の業務フローの場合，人事担当の派遣社員が人事部長の手裏健一に承認稟議を上げ，手裏健一が承認することでアルバイト雇用契約を締結する，という流れになっています。したがって，人事担当が

勝手にアルバイト雇用契約を締結できない仕組みが必要です。

　また，場合によっては，アルバイト全員に一括で当日の連絡などをすることもありますから，一括で同じ文書を送信できるような機能も必要になります。

　そして，アルバイトはパソコンを持っていないことが多いので，スマートフォンだけで契約が締結できるような仕組みも必要です。

　こうした観点から，3つのサービスについて資料請求をし，話を聞くことにしました。その結果，以下のような形になりました（本当はもう少し細かく比較することが多いですが，ケーススタディですので簡略化しています）。

	サービスA	サービスB	サービスC
特徴メモ	一通り揃っている。安いがフォローが心配	一通り揃っている。営業担当も感じがよい	フォローは充実しているが高い。一担当が送れてしまう
一担当が送れない仕組み	あり	あり	なし
一括送信	あり	あり	あり
スマートフォン対応	○	◎	◎
フォロー	チャットのみ	チャットと電話	チャット，電話，営業担当の定期連絡
費用	月額3万円	月額5万円	月額10万円

　3つのサービスを比較した結果，忍者花子としては，求める機能が一通り揃っていて，営業担当の感じもよかったサービスBを選択すること

にしました。

　比較表を作るときには，すべての機能のあり/なしを比較しても意味がありません。自社が重視する機能があるのかどうか，そして，どの程度フォローがあるのか，というのを最重要の比較の観点として考えてください。

　断言してもよいですが，電子契約は導入しただけではうまくいきません。電子契約サービスの提供者の積極的フォローによって初めて本当の業務効率化を実現することができます。

　忍者花子はサービスBの担当に対して，「定期連絡がないと不安だ」といった趣旨のことを述べて，営業担当と月に一度の定期連絡をするような形で交渉しました。

ステップ3：導入決定

　忍者花子としては，サービスBで社内の承認を進めたかったのですが，いざ忍者太郎にその件を話したところ（最終承認者は忍者太郎とします），忍者太郎からは，

・そもそも今，やる必要があるのか。
・まずは最も安いサービスAのほうがよいのではないか。

といった指摘が入りました。

　このような内容で上長から担当者に指摘が入るのはよくあることですので，担当者としてはここで安易にくじけてはいけません。上長が気にするのは，コスト削減になるのか，売上向上になるのか，従業員満足の向上になるのか，顧客や取引先の満足が得られるのか，といったポイントでしたね。

　忍者花子としては，ステップ１で作成したコスト削減の試算表を添付して説明するべきです。アルバイト雇用契約だけで216万円もの年間コスト削減になるので，月額５万円（年額60万円）のものを入れることには多大なコストメリットがあるという点をまずは強調するべきです。そのうえで，人事担当の負荷が大幅に軽減されるので，新規採用に力を入れることで優秀な社員の採用に向けて時間を使える，イベント実施の際にも迅速なアルバイト差配が可能になるので，顧客満足にも資する，といった点を内部稟議の資料で説明をしていくのがよいでしょう。

　また，「今，やる必要があるのか」については，電子契約の導入による短期的なコストメリットだけではなく，将来的なアルバイトデータベースの構築によるアルバイトの評価も可能になり，時給のアップダウンも適切に行いやすくなる，といった点も説明しておくとよいでしょう。

　いずれにせよ，電子契約サービスを最も多く利用するのは担当者であり，社長ではありませんから，担当者が「これだ」と思ったサービスで内部の承認を通すように力を尽くすべきです。

　ちなみに，freeeサイン（フリーサイン）の場合には，担当者が選んでくれた際に内部稟議を通しやすいように，内部稟議用の資料も用意していますが，これは非常に重宝されています。

ステップ４：導入準備

　なんとか忍者太郎の承認も下り，サービスＢを導入することになったら，今度は導入に向けて，社内/取引先への周知，社内規程の変更，運用マニュアルの作成，電子契約サービスの初期設定が必要になります。

　社内への通知については，影響部署がとりあえず人事部のみであり，人事部で情報共有するだけなのでこのケースでは大きな問題にはなりません。一方でアルバイト向けには，電子契約に慣れていない人がほとんどですので，「電子契約とは？」といった内容を説明した簡単な資料を

用意する必要があります。

　また，社内規定として，忍者株式会社では文書管理規定が存在するので，その文書管理規定を修正していくことになります。運用マニュアルについてはサービスBの提供事業者から受け取ったものをそのまま使いました。

　加えて，電子契約サービスの初期設定が必要です。利用者は，今回の場合，人事担当の派遣社員，人事部長の手裏健一，役員3名（忍者太郎ほか2名）の合計5名，テンプレートとして，アルバイト雇用契約を何種類か入れ込む，ということが必要です。また，一括送信についてはやり方がわからなかったので，サービスBの営業担当を呼んで説明してもらいました。

　こうした関係各所への説明準備や利用準備が無事に整いました。

ステップ5：利用開始

　こうして導入準備まで整えたら，いよいよ利用開始です。アルバイト雇用契約は月200通ありますので，1日10通程度は処理する必要があり，早速サービスBを盛んに使いはじめました。

　ただし，アルバイトの中には案の定，電子契約が何かわかっていない人もいます。説明資料を送っても読んでくれない人や，電子契約がなかなかできないという人もちらほら出てきました。

　その際，サービスBの営業担当が自らアルバイトに電話して使い方をフォローしてくれたりしたので，忍者花子はとても助かった，ということがありました。

　電子契約サービスは，自社のみの利用で完結するものではないため，契約相手もしっかりと使えるようにする部分までフォローしてもらえる，という点が非常に重要です。そういう意味で，フォロー制度の充実というのは選定ポイントとして最重要といっていいでしょう。

電子化しやすい契約，しにくい契約

ケーススタディで見たように，電子化しやすい契約としにくい契約が社内にはあります。具体的には以下の観点で考えてみると，どの契約が電子化しやすいかを判断できます。

- BtoC[4]契約か
  労働契約書や個人への業務委託契約書などは，法人の側が電子化する，といえば，個人はそれに従いますし，個人の側としてもハンコを押捺するのは面倒と感じている人は多いので，BtoC契約の場合には電子化しやすいといえます。
- 利害関係者が多いか
  利害関係者が少ない契約，具体的には管理部門や人事部門だけで完結する契約は電子化しやすいです。ケーススタディで見たアルバイト雇用契約もそうですが，それ以外では，備品仕入れに関する契約や，士業の先生との契約などは，管理部門で完結するので，電子化しやすいといえます。
- ビジネスに与えるインパクトが大きいか
  金額の大きな資本提携やM&Aに関する契約など，ビジネスに与える影響が大きな契約については，慎重な意思表示を求める会社が多く，こうした契約の電子化は現状では難しいといえます。もう少しビジネスインパクトの小さな契約から電子化していくほうが電子化しやすいといえます。

このような形で電子化しやすい契約としにくい契約が存在していますが，10年後にはこうした契約もすべて電子化されているでしょう。現状，電子化しにくいから電子化しない，という発想ではなく，導入スケジュールをしっかり組んで，電子化しやすいものから順々に進め

---

4 法人と個人との間の取引のこと。

ていくという発想で電子化を進めていきましょう。

第 7 章

電子契約導入にあたってよくある質問

　ここまで来れば，電子契約関連の知識も，導入に向けた具体的なイメージも湧いてきていることと思いますが，導入検討の際には，細かい点でいくつも疑問が出てくるものです。そこで，本章では，導入前後で当社がいただく質問をよくある質問という形でまとめてお伝えします。

1　相手方も同じ電子契約サービスを利用している必要があるのか？

　電子契約を導入するにあたり，最もよく聞かれる質問が「相手も同じサービスを利用する必要があるのか」という点です。

　伝統的な電子署名法に基づく電子署名サービスの場合，相手方がそのサービスに登録をすることが必要でした。

　しかし，これは大きな負担を相手方に強いることになります。そもそも自分たちで使っていないサービスに登録しなければならないという手間や時間はもちろん，会社によってはセキュリティ審査が厳しく，簡単に新しいサービスの登録ができないケースも多くあります。

　このような場合に，「うちが電子契約でメリットがあるから，あなたもやってよ」と気軽に頼んだのでは，うまくいく取引もうまくいかなくなるでしょう。

　電子署名が普及してこなかった背景には，こうした伝統的な電子署名サービスの仕組みも原因としてあります。

　しかし，近時有力な立会人電子署名型サービスや，電子認証サービスにおいては，相手方の登録は不要であるものが多いです。これは，伝統的な電子署名サービスの導入ハードルになっていた点をクリアするために考え出されたもので，非常に効果的な仕組みであるといえます。

　ただし，電子契約に慣れていない相手に電子契約を送信するときには，

> ・電子契約サービスのドメインのメールアドレスからメールが届くこと
> ・URLやボタンをクリックしてオンライン上で署名をすること

について事前にしっかりと説明をしなければなりません。

　具体的には，自社と別ドメインのメールから連絡が来る点については事前に言及したうえで，そうしたドメインからのメールが受取拒否などの設定になっていないかを確認しておきましょう。そして，URLについては通常はそのメールアドレスのみに専用のURLを発行して送信することになるので，送信側ではURLはわかりません（勝手に送信側が契約締結しないための仕組みです）。

　また，電子契約を行ったことがない相手に電子契約を依頼したときに来る質問として，「それって有効なの？　やり方，わからないよ」というものがあります。こうしたときのために，電子契約サービスを初めて利用する取引先向けの資料を整えておくとよいでしょう。

　当社のfreeeサイン（フリーサイン）も用意していますが，サービスによっては，相手方に説明をするための資料を用意している場合も多いので，そうした資料を活用することが有用です。

2 自社担当者が勝手に送信したらどうする？

> 紙の場合，当社は法務担当が押印稟議を通したうえで管理担当役員が印を押捺して，法務担当が契約書を郵送する。電子契約サービスの場合，社内承認を通さずに相手に送信できる仕組みだと，実質的に担当者が勝手に会社の印を押せることになり，困る。そういう場合はどうなるのか。

　5章でも触れた部分でもありますがこうした質問をいただくこともよくあります。自社側の問題，という意味でこれは内部統制[1]の問題といえます。

　紙の契約書で締結する場合，1人の法務担当が，勝手に会社の印を押せる状況にあることはまずありません。代表取締役または管理担当役員がハンコを管轄しており（通常は金庫などに保管しています），勝手に会社のハンコを押せる状況ではないのです。

　通常は，承認稟議のほかに押印稟議も決裁フローに乗せたうえで，契約条件の承認と，押印することの承認の2つを取る，というフローを経ることになります（2つを1つの稟議で行う会社もあります）。

　これが全くないまま，担当者が勝手に相手方に契約書を送信できてしまうということは，確かに本当に困った事態です。上場会社や上場準備中の会社であれば，内部統制が機能していない，ということで内部監査担当や，監査役，監査法人に不備を指摘されるところです。

1　会社の業務執行が適正に行われるための体制のこと。会社法362条4項6号や金融商品取引法24条の4の4第1項に法令上の定義あり。

　もちろん，電子契約サービスにログインできるアカウントを，代表取締役や管理担当役員など，実際にハンコを押す権限のある人のみに限定していればこの問題は起きません。でも，忙しい役員がすべての契約書を手作業で送ることは現実的ではないですよね。

　そこで，自社担当者が勝手に送信してしまうのを防ぐために，ワークフローなど送信許可の統制を担保する機能において，担当者の一存で送信できない仕組みを使うことが考えられます。

　最近ではワークフローシステムのみでSaaS[2]サービスとして販売している会社も多いですし，基幹システムやERPを導入しているような会社であれば，そのシステムの中に稟議承認システムはまず間違いなく入っているでしょう。そうした稟議システム（ワークフローシステム）を導入している場合には，そのシステムを通さない限りは，電子契約サービスから送ることができない，という社内ルールを作る，ということが考えられます。

　これでもシステム上，勝手に送信することは防げませんから，より一歩進んで，ワークフローシステムと電子契約サービスをAPIで連携させる，ということが想定されます。そうすれば，既存のワークフローシステムでの承認がない限り，先方に送信できない，という点は担保されます。

　また，電子契約サービスの中には，ワークフロー機能において，ワークフローを通さない限りは自社担当者が勝手に送信できない，という付加機能をつけることも可能です。この場合にはAPI連携を経なくても電子契約サービス上で，勝手な送信を防ぐことができます。

　もちろん，これらのシステムも万能ではありませんので，何名かで共謀した場合にはこれらのシステム上の防御もすり抜けてしまう可能性は

　2　Software As A Serviceの略。ソフトウェアをインターネット経由で提供するサービス形態。

残りますが，何もしないことに比べたらはるかにリスクは小さくなるで
しょう。

　また，紙の契約書の場合であっても，担当者が印鑑自体を偽造するこ
とは物理的には可能ですから，紙の契約書が100％安全というわけでも
ないです。実際，3Dプリンタの発達により，ハンコの偽造が容易になっ
てきている，という指摘も政府の側からあるところです[3]。

　紙でも電子契約でも不正やミスが生じる可能性がゼロにはならないこ
とは認識しつつ，不正やミスを可能な限り最小化していくことが必要で
しょう。

　では，万が一，権限を有していない担当者が内部承認を経ないで勝手
に送信してしまった場合にはどうなるのでしょうか。内部で全く話にも
上がっていない契約を，担当者が勝手に送信した，ということであれば，
会社としては何ら承認をしていないわけですから，無権代表行為（無権
代理（民法113条）行為[4]）という位置づけになり，会社との関係では原
則的には無効になります[5]。そうはいっても，自社担当者が勝手に送信し
たことについて会社に過失がある，という話になれば，不法行為責任
（民法709条）などに会社が問われる可能性もありますので，こうしたこ

　3　押印についてのQ&A（内閣府，法務省，経済産業省）に「なお，３Dプリンター
　　　等の技術の進歩で，印章の模倣がより容易であるとの指摘もある」との記載があります。
　4　無権代理とは，代理権を持たない者が代理人として法律行為を行うこと（民法113
　　　条１項「代理権を有しない者が他人の代理人としてした契約は，本人がその追認をし
　　　なければ，本人に対してその効力を生じない」）。
　5　ただし，例えば当該担当者が「常務取締役」，「副社長」などを名乗っていたなど
　　　代表権があるかのような外観があり，それを代表取締役が承認していた，といった特
　　　殊なケースであれば，例外的に表見代表取締役（会社法354条）の適用ないし類推適
　　　用といった形で，有効になるケースがあり得なくはありません（最判昭35・10・14民
　　　集14巻12号2499頁）。また，表見代理の成立（民法110条）も可能性としてあり得なく
　　　はないところです。表見代理というのは，無権代理であるにもかかわらず，特定の要
　　　件（民法109条・110条・112条の各要件）を満たした場合に例外的に本人に効果を帰属
　　　させる制度です。
　　　　もっとも，いずれもかなりの特殊ケースですので，基本的には無効と考えておけば
　　　よいです。

とが起きないよう，事前に十分に留意しておく必要があります。

3 相手の担当者が独断で勝手に締結したらどうする？

　前項の質問とは逆に「送るのは相手方の担当者だが，相手方社内でしっかりと承認フローを回して電子契約していることを担保したいが，何か方法はないのか」という質問もよくいただきます。

　自社担当者が勝手に押印するのと同様，他社担当者が権限もないのに勝手に押印するという場合には，無権代理（民法113条）になりますので，会社との関係では契約が原則として無効になってしまいます。

　紙の契約書の場合は，自社の印が押捺された契約書を2通送り，2通ともに相手方の印を押捺してもらって，1通を返送してもらう，というのが通例です。

　ですので，紙の契約書の場合には，相手方社内で稟議プロセスを回して，押印の許可が下りてはじめて，社用印章規程などの名称の社内規程により定められた管理体制に従って印を押捺できることになります。

　電子契約においては，紙ではなく電子データで先方に送るために別の問題が生じます。権限のない担当者のメールアドレス宛にメールを送っても，担当者が勝手に電子契約を締結してしまうことができてしまうのです。通常，電子締結する前に「電子締結に関する確認画面」が出て，勝手に捺印したらあなたの責任問題になりますよ，という確認画面が出ることになります。これで担当者が勝手に締結してしまうことに対して，心理的な抑止が一定は利く構造になっています。ただ，それでも担当者が勝手に締結してしまう可能性はあり，この点で電子契約には一定の不安がつきまとってきます。この問題に対する解決策はいくつかあります。

（1） 代表取締役のメールアドレスで締結してもらう

　まず，電子契約サービスにおいては，通常メールアドレスで相手方を認証することになります。したがって，最初の対策として，相手方代表取締役のメールアドレスを聞いて，代表取締役のメールアドレスで電子契約を締結してもらえれば，代表取締役のメールを担当者が勝手に操作することは通常考えられませんから，担当者が勝手に締結してしまう，という問題は生じないでしょう。

（2） 代表取締役のメールアドレスに直接メール送信できない場合

　一定以上の規模の企業が相手となる場合，現実的には代表取締役のメールアドレスに直接メールするのは難しいといえます。

　その場合には，署名転送機能と呼ばれる，担当者宛のメールを，署名する権限のある人に転送する機能を利用することによって，権限のある人（通常は代表取締役）へ電子契約を転送してもらい，締結することが有用です。この機能を用いることで，権限のない人が勝手に締結することは防げますし，送信側ではどのような転送経路をたどったかがメールアドレスを含めてわかることになるので有用です。

（3） 代表取締役以外の人が署名する場合

　代表取締役のメールアドレスに直接送信したり，メールを転送したりしてもらうことで代表取締役自身に手続をしてもらうよう依頼することが最も安全なのですが，実務上，代表取締役以外の人（他の取締役や使用人）が一定の分野について契約締結権限を有していることもあります。例えば秘密保持契約については営業本部長名義で契約締結できる，などと相手の社内規程で決まっている場合です。

　このような場合には，当該権限を授権された人がどの立場の人である

192

かを確認し，その人が契約締結権限を有している旨，事前にメールなど
で確認する，あるいは電子契約締結依頼のメール記載の文章に「契約締
結権限者による署名をお願いいたします」などと記載して，確認してお
くことになります。そのうえで，当該役職者のメールアドレスに直接送
信またはメール転送してもらうことで，当該役職者に署名してもらうこ
とが必要です。

　なお，従来の紙契約における実務では，総務がハンコを事実上管理し
ており，実際にハンコを押捺するのも総務担当というケースがあります
（押印する行為を権限者に代わって行っている扱いです）。これを電子契
約にもそのまま応用すると，一担当者が代理で署名するフローで電子契
約を締結してもよいように思えますが，実際に権限者が当該担当者に署
名する権限を与えたかどうかがわかりにくく，将来的に問題が生じやす
い締結方法といえます。したがって，電子契約においてはこうしたやり
方はおすすめしません。

＊　　　＊　　　＊

　もちろん，こうした方法を使ったとしても相手方が然るべき人の許可
なく電子契約を締結してしまう，という可能性はゼロにはなりませんが，
相手方の担当者が印鑑自体を偽造する可能性がゼロにならないのと同様
です。不正やミスの最小化，という観点でやれることをやっておくのが
得策です。

電子契約の契約文言はどう変えるべきか？

　契約書の中の文章についても，電子契約の場合には修正をしておいたほうがよいです。通常，契約書の最後の部分には，

　以上の合意を証するため，本契約書2通に各自記名押印し，各1通を保管する。

といった記載がなされますが，電子契約の場合には，「2通」用意する，「各1通を保管する」という文言が実態とそぐわないことになります。

　そこで，電子契約であることを明確にするため，

　以上の合意を証するため，本契約を電磁的に作成し，各自の署名捺印またはこれに代わる電磁的処理を施し，電磁的記録の形で双方契約を保管する。

といった記載をしておくことが適当です。

　また，契約書の中に，「書面による承諾」などの文言が含まれている場合には，その部分も修正しておいたほうがよいでしょう。例えば，

> 　相手方の事前の書面による承諾がない限り，本件業務を第三者に再委託してはならない。

といった記載がある場合には，

> 　相手方の事前の書面または双方が合意した方法による電磁的方法による承諾がない限り，本件業務を第三者に再委託してはならない。

などと修正することが望ましいです。

　仮にこのような文言にしなかったからといって，契約が無効になったり，電子契約では締結できなくなったりするわけではありませんので，この問題は大きな問題とはなりにくいです（その意味で，すでに述べた無権代理のケースとはリスクの大きさが異なります）。

　ただし，契約文言の記載が紙ベースの記載のままだと，後で電子契約を確認したときに「あれ，紙で締結しているのかな」という不要な推測をしてしまうことにもなりかねませんので，電子契約に即した記載に変えておくのが得策です。

5 電子契約でバックデートして契約する場合の注意点

　「電子契約だとバックデートをするときに困りますか」という質問をいただくこともあります。

　バックデートというのは，実際の日付よりもさかのぼった日付で契約したことにする，ということで，実際には実務上よく行われています。

　例えば，7月1日から実際の業務委託は始まっているが，1カ月ほど経過したときに契約書を作成していなかったことに気づき，8月1日になって，7月1日付けの契約書を双方で締結する，というようなケースが考えられます。

　紙の契約書で締結した場合には，紙面上では7月1日しか出てきませんので，8月にその文書を作ったことは直接的にはわからないわけですが，電子契約で締結したときには，タイムスタンプが押されることによって，「いつ」この文書があったのか，ということが判明してしまうわけです。

　上記のケースでいえば，タイムスタンプには8月1日○時○分としっかりと記録されていることになるので，契約書の日付が7月1日だったとしても，8月に作った契約でしょう，という話になる，ということです。

　そもそもバックデートについては，会計期間をずらして脱税や租税回避のために行われる場合には当然NGですし，下請法のように法律上，委託後ただちに書面を交付しなければならない（下請法3条1項）と決まっている文書の場合には，バックデートするのはNGなわけです。

　しかし，上記のケースのような単に忘れてしまっていた，というよう

196

な場合には，バックデートが問題になることは考えにくく，7月1日付けの文書に8月1日のタイムスタンプが押されていたとしても大きな問題にはなりにくいと思われます。

　ただ，実態と契約書の内容が離れている，というのは気持ち悪いですし，単に契約書を締結し忘れていただけですので，契約書の日付は8月1日として，契約書の中の有効期限の条文において「7月1日から開始する」という点について記載をしておけば問題ありません。契約自体は口頭でも成立するわけですから，契約書の締結という契約の証跡となるものが契約開始から一定期間経過した後に行われても通常は問題ないのです。

6　電子契約には印紙が不要って本当？

「電子契約には印紙は不要」という点については，すでに電子契約の
メリットのところでもお話をしましたが，営業現場ではよく聞かれる質
問であるため，ここで詳細に説明をしておきます。

印紙税法には，

（課税物件）
第2条　別表第一の課税物件の欄に掲げる文書には，この法律により，
　印紙税を課する。
（納税義務者）
第3条　別表第一の課税物件の欄に掲げる文書のうち，第五条の規定に
　より印紙税を課さないものとされる文書以外の文書（以下「課税文書」
　という。）の作成者は，その作成した課税文書につき，印紙税を納める
　義務がある。

と記載されていますので，印紙税法の別表に定める文書を締結する場合
には，印紙税を納める必要があります[6]。

ここには明確に「電子契約なら非課税ですよ」とは記載していないの
ですが，実務上は，電子契約には印紙は不要と考えられています。

例えば，第162回国会の政府答弁[7]においても，

6　印紙税額の一覧につき，国税庁「No.7140 印紙税額の一覧表（その1）第1号文書か
ら第4号文書まで」　https://www.nta.go.jp/taxes/shiraberu/taxanswer/inshi/7140.htm。

> 　事務処理の機械化や電子商取引の進展等により，これまで専ら文書により作成されてきたものが電磁的記録により作成されるいわゆるペーパーレス化が進展しつつあるが，文書課税である印紙税においては，電磁的記録により作成されたものについて課税されないこととなるのは御指摘のとおりである。

とされており，電子契約において印紙税を課さないスタンスであることが明確になっています。

　もっとも，この答弁は2005年のものですので，今後，電子契約が爆発的に普及した際には，電子契約にも何らかの税が課される可能性は政策の方向性次第ではあり得るところかと思います。実際，前記答弁においても，先ほど引用した答弁の続き部分において，

> 　しかし，印紙税は，経済取引に伴い作成される文書の背後には経済的利益があると推定されること及び文書を作成することによって取引事実が明確化し法律関係が安定化することに着目して広範な文書に軽度の負担を求める文書課税であるところ，電磁的記録については，一般にその改ざん及びその改ざんの痕跡の消去が文書に比べ容易なことが多いという特性を有しており，現時点においては，電磁的記録が一律に文書と同等程度に法律関係の安定化に寄与し得る状況にあるとは考えていない。
> 　電子商取引の進展等によるペーパーレス化と印紙税の問題については，印紙税の基本にかかわる問題であることから，今後ともペーパーレス化の普及状況やその技術の進展状況等を注視するとともに，課税の適正化及び公平化を図る観点等から何らかの対応が必要かどうか，文書課税たる印紙税の性格を踏まえつつ，必要に応じて検討してまいりたい。

7　参議院議員櫻井充提出印紙税に関する質問の答弁書（参議院HP）
　https://www.sangiin.go.jp/japanese/joho1/kousei/syuisyo/162/touh/t162009.htm

と答弁されており，今後の電子契約に課税される可能性が示唆されているところです。

　個人的には，行政や民間を含めた脱ハンコの流れを止めないために，しばらくの間は電子契約への印紙税課税という流れにはならないと想定するものの，将来的には印紙税またはそれに類するものが課税される可能性はあると考えています。

　いずれにせよ，しばらくの間は，電子契約に印紙税はかからない，ということで間違いありませんから，印紙税が現時点で多く発生している業態の方は，なるべく早めに電子契約を導入して印紙税削減のメリットを享受するべきでしょう。

7 電子帳簿保存法に準拠したサービスなのか？

　電子帳簿保存法に準拠しているのか，という点についてもよく聞かれるのでお答えしておきます。

　電子帳簿保存法というのは，国税関係帳簿書類（契約書もこれに含まれます）をデータで保存等する際のやり方を定めた法律です。通常，こうした帳簿書類は紙で保存されることが想定されているところ，昨今ではデータで保存したい要望も多いことから，データ保存も認めた，というのがこの法律です。ただし，電子契約のように，はじめから電子データでやり取りをする場合には，別途「電子取引」として定義して（2条6号），そのデータの保存義務を定めています。

　つまり，

---

* 国税関係帳簿書類（紙）のデータでの保存方法
* 電子取引（はじめからデータ）による当該電磁的記録の保存方法

の両者について定めたのが電子帳簿保存法です。

　なお，電子帳簿保存法の電子取引については，同法8条3項において法人税法の青色申告の承認の取消しおよび連結納税の承認の取消しの規定が準用されていて，これからお話する保存の要件を満たさないと，青色申告の取消しや連結納税の承認の取消しがされてしまう可能性がありますので，注意してください。

　電子契約の場合には，はじめから電子データでやり取りをすることに

なりますので，2つ目の電子取引による電磁的記録の保存方法が問題になります。

　電子取引については，7条において

所得税（源泉徴収に係る所得税を除く。）及び法人税に係る保存義務者は，電子取引を行った場合には，財務省令で定めるところにより，当該電子取引の取引情報に係る電磁的記録を保存しなければならない。

となっています。以前は，電子取引であっても紙で出力して保存することも認められていたのですが，2022年1月施行の同法改正により，法令上，電子取引は電磁的記録のまま保存することが義務化されました[8]。

　電子取引を電磁的記録として保存しておく要件については，条文が複雑でわかりにくいのですが，以下のように真実性の要件と可視性の要件に整理します。

【真実性の要件】

以下のいずれかの措置を行う[9]。
1　タイムスタンプが授受された後，取引情報の授受を行う
2　取引情報の授受後，速やかにタイムスタンプを押すとともに，保存・監督者の情報を確認できるようにしておく

8　このように2022年1月1日から電子取引の電子保存は法令上の義務となっていますが，中小企業等の準備が間に合わないことに鑑み，閣議決定された令和4年税制改正大綱76頁にて，2023年12月31日までは「出力書面等による保存を可能とするよう，運用上，適切に配慮することとする」との宥恕措置が示され，実務上，紙で保存していても問題視されていませんでした。しかしながら，まもなく2024年となり，この宥恕措置は終わりを迎えることとなりますので，それ以後は名実ともに電磁的記録による保存が必要となります。このことも踏まえ，本項では2024年1月以降の話をします。
https://www.mof.go.jp/tax_policy/tax_reform/outline/fy2022/20211224taikou.pdf
9　電帳法施行規則4条1項各号。

> 3 訂正削除を行った場合にその履歴がわかるシステム，または訂正削除ができないシステムで取引情報の授受を行う
> 4 訂正や削除の防止に関する事務処理規程を定めてそれを運用する

　実務上は，真実性については２または３の要件を満たすシステムを利用することで対応していることが多いと思われます。freeeサインは契約締結後，訂正削除ができないシステムとなっており，３の要件を満たすような作りをしています。

　続いて可視性の要件です。

【可視性の要件】

> 以下の**各要件**を備えること
> 1 パソコンやプリンタを用意し，そこで電子データをディスプレイや書面に出力できる状態にしておくこと[10]
> 2 電子計算機処理システムの概要書の備置き[11]
> 3 検索機能[12]
> 　(1) 取引年月日，取引金額，取引先で検索できる
> 　(2) 日付または金額の範囲指定により検索できる
> 　(3) ２つ以上の項目を組み合わせて検索できる

　１については通常の会社であれば満たしていますし，２についてもシステム会社が準備しているので容易に手に入ります。

　可視性の要件で唯一問題になり得るのは，検索機能ですが，ここにつ

　10　電帳法施行規則４条１項・２条２項２号。
　11　電帳法施行規則４条１項・２条６項７号・２条２項１号イ。
　12　電帳法施行規則４条１項・２条６項６号。

いても税務職員による質問検査権に基づく電磁的記録のダウンロードの求めに応じる場合には，(2)，(3)は要件として不要とされています（電帳法施行規則4条1項括弧書き・2条6項5号ロハ）。さらに，2024年1月以降は売上高が5,000万円以下の事業者等については，(1)の要件も含めて検索機能は不要という緩和措置[13]も講じられています。これにより，中小事業者の大半は可視性の要件を満たすのは非常に容易になったといえます。

　まとめると，電子契約システムを電子帳簿保存法準拠の有無という観点から選ぶ場合，

- 真実性の要件のうちどの要件を満たすことで電子帳簿保存法対応をしているのか（あるいは対応していないのか）
- （売上が5,000万円を超える事業者の場合）取引年月日，取引金額，取引先で検索できる機能があるか

といった視点で選択するとよいでしょう。

　それでも個々の企業が各システムについて電帳法対応の有無を判断するのは非常に大変です。そういった企業のため，JIIMA認証[14]という制

　13　電帳法施行規則4条1項括弧書きより「当該保存義務者が，その判定期間に係る基準期間における売上高が五千万円以下である事業者である場合又は国税に関する法律の規定による当該電磁的記録を出力することにより作成した書面で整然とした形式及び明瞭な状態で出力され，取引年月日その他の日付及び取引先ごとに整理されたものの提示若しくは提出の要求に応じることができるようにしている場合であって，当該電磁的記録の提示等の要求に応じることができるようにしているとき」には検索機能の要件は不要，とされています。余談ですが，後者記載の電子データをプリントアウトして整理したうえで電子データの提示要求に対応するのは負担が大きいと思われます。
　14　公益社団法人日本文書情報マネジメント協会（略称JIIMA）が運営する，法的要件認証制度を指す。

度が存在しています。JIIMA認証を取得していれば，電子帳簿保存法に準拠していることが明らかになりますので，検討中のシステムがJIIMA認証を取得しているか確認するのが最も簡便でしょう。freeeサインも2023年にJIIMA認証を取得しています。

　なお，電子帳簿保存法には，紙をデータにして保存するスキャナ保存のための要件等も詳細に規定されていますが，電子契約でのやりとりの場合には電子取引の部分が主に関係しますので，ここでは割愛します。

電子契約した契約書を銀行や役所に提出する場合の留意点

　今後は，電子契約で締結した契約書を銀行などの金融機関や役所に提出する，という場面も出てくるかと思います。

　その際には，電子契約そのものは電子データですので，直接提出することはできません（電子申請ができるのであれば別です）。

　その場合の実務運用については現在のところ定着していないのが実情です。まずは提出先の銀行や役所に直接聞いて，電子契約の文書提出に何が必要なのか，ということを聞いてみてください。

　そのうえで，明確な回答がない場合には，

- 電子契約した文書そのもののプリントアウト
- 電子契約ファイルに紐づく電子署名やタイムスタンプの情報が表示された画面のプリントアウト

をまずは提出することになるでしょう。

　これらを見せることで，電子契約した文書の内容と，電子契約に紐づく電子署名やタイムスタンプの内容を証明することができます。

　また，電子契約サービスによっては電子契約の締結に関する情報を別ファイルで印刷することもできますので，それをプリントアウトすることもできるでしょう。

　まだ過渡期ですので，銀行や役所で電子契約の受け入れが認められない部分も多いと思いますが，法律的には問題なく成立をしていますので，自信をもって提出するようにしましょう。少し経過すれば問題なく受け入れる土壌が銀行や役所にもできているはずです。

第 8 章

電子契約の未来

　これまで，電子契約の法律的背景，技術的背景に加え，電子契約の導入手順，そして，導入にあたりよくある質問について説明をしてきました。

　電子契約は間違いなく近い将来の「当たり前」になる，と確信をしていますが，ここでは，さらに一歩進んで，電子契約の未来についてお話をしたいと思います。

　電子契約サービスは，流行から定番へ移行しましたが，その浸透の先には，契約事務だけではない，もっと幅広い業務のデジタル化があります。そして，そうした業務をデジタル化することで，昨今話題の人工知能（AI）を用いた経営の高度化が図れることになります。

　単に紙とかリアルのものをデジタルに置き換えるのは序章にすぎないのです。

　電子契約が普及した後の世界では，デジタルがつながり，そして利活用されていく世界が広がっています。順を追ってお話ししていきましょう。

1　電子契約サービスの法的根拠の強化

　前述のとおり，電子契約サービスは，当事者電子署名型サービス，立会人電子署名型サービス，その他の電子認証サービスに分かれます。利用ハードルの高さから敬遠されがちだった当事者電子署名型サービスだけでなく，気軽に利用開始しやすい立会人電子署名型サービスも電子署名法上の後ろ盾を得たことで，電子署名法上の根拠のある電子契約サービスが一気に増えることになりました。加えて，2021年5月19日に公布されたデジタル改革関連法によって，押印・書面規制についても大幅に変更がなされ，多くの押印・書面規制が撤廃されるに至りました。

　さらに，利害関係者の利益調整の観点で施行が先延ばしになっていた特定商取引に関する法律（特商法）についても，2023年6月1日に一定の条件下で電子化が認められることとなりました。

　また，電子取引の電子保存義務化を内容とする電子帳簿保存法の施行も2024年1月に迎えることになります。

　このように，押印を廃止し，書面をデジタル化し，デジタル化したままの状態で管理・保存する，というデジタル社会の実現が法律によって次々と後押しされていることがわかります。

2 契約のライフサイクルマネジメント

　電子契約は，契約の締結プロセスそのものを電子化・デジタル化する
ものですが，それによって締結管理（契約を締結したのかどうかの管
理）や保管管理（締結した契約を保管・管理し必要に応じて参照するこ
と）の困りごとも解消される，という点については前述のとおりです。

　また，同様の契約を何度も使うときに備えて電子契約サービス上に契
約のテンプレートを登録して管理する，といったことも行われています。

　つまり，契約の作成，承認，締結，保管，管理といった各フローをま
とめて管理するニーズが生じることになります。特に，契約の締結通数
が多い企業では，こうしたニーズが高まることになります。

　すでに電子契約で先行する米国においては，契約のそうしたプロセス
をまとめて管理する，という意味で契約のライフサイクルマネジメント
（ContractLifecycleManagementを略してCLMと呼びます），というサー
ビスが勃興しています。CLMで大きな規模になっているスタートアッ
プ企業もいくつもあります。

　また，電子契約サービスの提供事業者が，そうしたサービスを買収す
る動きも活発ですし，ファイルの保管・管理をする事業者が電子契約
サービスを買収する動きもあります[1]。

　日本でも，電子契約サービスの会社とCLMの会社の連携・買収が起

1　Docusignという電子契約サービスの会社がSpringCMというCLMのスタートアッ
　プを買収したり，Dropboxやboxというファイル共有ソフトの会社がそれぞれ
　Hellosign, signrequestという電子契約サービスを買収したり，といったことが実際に
　起きています。

きています。実際，freeeサインも，会計や人事労務などのクラウド型
ERP（総合業務ソフト）を提供するfreeeがNINJASIGNというサービス
を買収したものであり，こうした流れの先端をいくものと位置づけられ
ます。

3 会社の業務フロー全体の効率化

　そして，これが最も重要なのですが，契約というのは会社の中で独立して存在しているわけではなく，さまざまな業務部門の連携として存在をしています。

　最も典型的なケースである，受託型ビジネスにおける契約書を考えてみましょう。例えば，システムの開発を受託する事業を行っている会社での業務フロー（ワークフロー）は通常，以下のようになります。

---

① 営業が顧客をまわり，受注の合意をとる（初期費用，保守費用）。その際，営業記録については営業管理のソフトウェアを用いて行う。
② 営業が法務にひな形を求め，営業と先方との間で契約書の内容について何度かやり取りを行って契約書の内容をフィックスする。
③ 最終合意したら，契約書を締結する。
④ 契約書を締結したら，総務部門が電子契約を送信して保管しておく。
⑤ 電子契約が締結できたら，その相手を会計ソフトに取引先登録して，初期費用や毎月の請求書を経理が提出する。

　もちろんこれは単なる一例ですが，契約書を1つ締結するにしても，営業部門，法務部門，総務部門，経理部門の業務が複雑に絡み合ってできていることはおわかりかと思います。

　昨今では，SaaSと呼ばれるサービスがさまざま勃興していますが，上記①から⑤の間でもさまざまなSaaSサービスが使われることになるでしょう。

　こうなると，電子契約だけを導入していたのでは片手落ちだ，ということになります。各部門で使っているサービスが相互に連携をしていたり，電子契約サービスにさまざまな機能が付帯していたりしないと，会社の業務フロー全体が効率化していかない，ということになるからです。

　当社のfreeeサインはこの会社全体の業務フローの効率化まで踏み込んだサービスです。

　もともとNINJA SIGNという名称だったのですが，2021年にfreeeという上場会社にグループジョインし，2022年にfreeeサインと名称を変更しました。

　freeeという会社は，会計，人事労務，販売管理など，契約周辺の様々なソフトウェアを開発しているのですが，こうした契約周辺のソフトウェアとfreeeサインを統合させていくことができつつあります[2]。

　たとえば，freee販売という販売管理ソフトで受注の見積書のやりとりをした後，シームレスにfreeeサインで契約を送り契約を締結する。そして，freeeサインで契約を締結したらその相手先がfreee会計という会計ソフトに取引先登録され，締結した契約ファイルはfreee会計のファイル共有ボックスに自動的に入る，といったことが可能になります。

　また，freee人事労務という人事労務ソフトにおいても，社員が入社するときの労働条件通知書や雇用契約書といった契約書類をfreee人事労務からfreeeサインで直接送ったり，入社後に社員に一斉通知する事項についてfreeeサインを介してfreee人事労務から直接送ったりすることが可能，という具合です。

　契約領域周辺の会計，人事労務，販売管理といったソフトウェアと同じブランドでシームレスにつながっている，という電子契約サービスは他になく，お客様に提供する価値が何倍にもなるものと自負しています。

　2　2023年8月現在，実装済みの連携機能と開発中の連携機能があります。

4 電子データの利活用

　ここまでは，電子契約サービスや各種SaaSサービスがこれまでのリアル作業をオンラインに置き換える，という効率化の話ですが，実は面白いのはここからです。

　リアルな作業がオンラインに移行する，ということはすべてがデータ化される，ということです。そして，データ化されるということは，すべてが可視化され，集積され，分析可能になる，ということです。

　これまでは契約書という書面形式で，オフィスの書棚にところ狭しと並べられており，エクセルの管理台帳でごまかしごまかし管理をされてきたものがすべてデータ化されることで得られるのは効率化だけではないのです。

　契約データが可視化できる結果，経営戦略や戦術に活かすこともできるようになります。ここからが経営の高度化のお話です。

　昨今話題になっているChatGPTは皆さんご存知でしょう。

　例えば，ChatGPTと電子契約サービスをつなぎこむだけでも様々なことがわかるようになります。

　「今月締結した契約は何件？」といった基本的なことから，「一番締結している割合の多い契約は何契約？」「最も多く契約の送信をしている人は誰？」など，契約に関する経営分析情報がチャット形式で簡単にわかるようになるでしょう。

　また，前述のような販売管理ソフトや会計ソフトなどと連携することで，受注金額の推移が追加作業なく一瞬でわかったり，A社と交わした書類（契約書だけでなく見積書や請求書なども含めて）を全部出したり

する，ということも簡単にできるようになります。

　こうしたことがわかれば，取引先別に取引金額の推移を一瞬で見る，過去に自社に不利な内容で契約を締結している先の一覧をすぐに出す，ということもできるようになります。

　昨今実用化が進むブロックチェーンを利用すれば，スマートコントラクト[3]という形で，ある特定の条件が整えば，自動的に契約が執行される未来も決して遠くありません。実際，物流分野などではこうした試みが実施されつつあるところです。

　電子契約は未来の当たり前になり，その当たり前のうえでは，各種データが連携し，そのデータを利活用してビジネスに活かしていくことができる未来がやってきます。電子契約はよくわからないから導入はやめておく──今はそれで済むかもしれませんが，その行動が将来の会社の競争力を落としてしまうことにもなりかねません。紙とハンコのデジタル化は，将来の会社の競争力につながっていくものですので，この機会になるべく早く実現してしまうことをおすすめします。

---

[3]　データを自動処理するプログラムをブロックチェーン上で動かすことにより，人手を介さなくとも，手続や契約を履行することができる措置のこと。
　情報通信審議会　情報通信政策部会　IoT政策委員会　基本戦略ワーキンググループ
　ブロックチェーン活用検討サブワーキンググループ取りまとめ（案）
　https://www.soumu.go.jp/main_content/000493855.pdf#search='%E3%82%B9%E3%83%9E%E3%83%BC%E3%83%88%E3%82%B3%E3%83%B3%E3%83%88%E3%83%A9%E3%82%AF%E3%83%88+%E7%B7%8F%E5%8B%99%E7%9C%81'

【参考資料①】

［契約作成業務費用調査結果（抜粋］

調査概要

項目	内容
調査内容	1．書面・NINJA SIGNにおける契約書作成に掛かる時間をそれぞれ計測 【①NDA2部印刷→②製本→③押印→④封入（送付状とともに）→⑤発送】 2．1で実施できない項目（稟議時間・郵送往復時間等）をアンケート調査 3．「職業安定業務統計の求人賃金を基準値とした一般基本給・賞与等の額（時給換算）」の『25一般事務員』の求人平均時給1,041円と1・2の時間を掛け合わせ，通あたりの契約書作成業務費用を算出する
調査目的	1通あたりの契約書作成業務費用を算出
調査対象	直近1年以内に企業間の契約書作成業務に携わったことのある20代〜50代の男女 20名（男性13名　女性7名）
調査期間	2021/7/30〜2021/8/20
調査機関	株式会社ショッパーズアイ（外部調査会社調べとして公開予定）

書面・NINJA SIGN契約書の平均作成時間・費用

書面
2時間24分
2,524円
【①NDA２部印刷→②製本→③押印→
④封入（送付状とともに）→⑤発送】

NINJA SIGN
5分39秒
平均99円
【①NDAテンプレート入力→②送信】

書面契約書

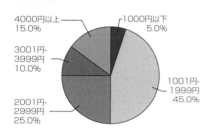

4000円以上
15.0%
3001円-
3999円
10.0%
2001円-
2999円
25.0%
1000円以下
5.0%
1001円-
1999円
45.0%

NINJA SIGN契約書

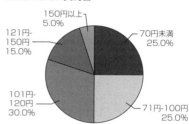

150円以上
5.0%
121円-
150円
15.0%
101円-
120円
30.0%
70円未満
25.0%
71円-100円
25.0%

調査員の声（抜粋）

30代男性

　NINJA SIGNの電子契約サービスはとても簡単で良かったです。

　紙の方は，本来製本テープの作業も加わるため，10分ほどかかりますが，
NINJA SIGNのサービスなら１通の契約書に対して２〜３分ほどで完了す
ると考えると，

　業務の効率化につながると思いました。在宅で勤務していても押印等の作
業が可能になるのも，

　今の時代にとても合っていると思いました。

20代女性

　普段から契約書などの書類作成を業務として行っていますので，紙での作
成も苦にはなりませんでした。しかし，電子契約サービスを使ってみると，
印刷する手間・印鑑を押す手間・郵送準備の手間が思ったよりもかかって
いることを実感しました。何より，紙のコスト・印刷代・郵送料（切手
代）・消耗品費（封筒やのりなどの文具）が節約できる点は大変ありがたい
です。また，インターネット環境さえあればいつでもどこでも締結できる
ということから，相手側にも時間節約・コスト節約のメリットがあり，お

互いにとって非常に利益率の高いサービスであると感じました。

40代男性

電子契約サービスが初めてだった事もあり，紙の契約の方が慣れているので，
早く出来ると思っていたが，実際に作業をしてみると，
約半分程の時間で電子契約サービスが完了した事から，
電子契約サービスの利点が体感出来て良かったです。

50代男性

手順通りに進めることは若干難儀でしたが，覚えてしまえば契約書の作成
も契約締結も送付も殆どストレス無く簡単なオペレーションになると思い
ました。

40代男性

紙で作成して印刷，封入，発送までの一連の作業と比べ，電子契約は遥か
に業務効率が上がるサービスと感じました。本業（IT関連，コンサルティ
ング）での契約書作成は年間で30件とそれほど数は多くないのですが，関
連の協力会社へも勧めたいと感じました。

【参考資料②】
1．関連法令
【電子署名及び認証業務に関する法律（電子署名法）】

（目的）

第1条　この法律は，電子署名に関し，電磁的記録の真正な成立の推定，特定認証業務に関する認定の制度その他必要な事項を定めることにより，電子署名の円滑な利用の確保による情報の電磁的方式による流通及び情報処理の促進を図り，もって国民生活の向上及び国民経済の健全な発展に寄与することを目的とする。

（定義）

第2条　この法律において「電子署名」とは，電磁的記録（電子的方式，磁気的方式その他人の知覚によっては認識することができない方式で作られる記録であって，電子計算機による情報処理の用に供されるものをいう。以下同じ。）に記録することができる情報について行われる措置であって，次の要件のいずれにも該当するものをいう。

一　当該情報が当該措置を行った者の作成に係るものであることを示すためのものであること。

二　当該情報について改変が行われていないかどうかを確認することができるものであること。

2　この法律において「認証業務」とは，自らが行う電子署名についてその業務を利用する者（以下「利用者」という。）その他の者の求めに応じ，当該利用者が電子署名を行ったものであることを確認するために用いられる事項が当該利用者に係るものであることを証明する業務をいう。

3　この法律において「特定認証業務」とは，電子署名のうち，その方式に応じて本人だけが行うことができるものとして主務省令で定める

基準に適合するものについて行われる認証業務をいう。

第3条　電磁的記録であって情報を表すために作成されたもの（公務員が職務上作成したものを除く。）は、当該電磁的記録に記録された情報について本人による電子署名（これを行うために必要な符号及び物件を適正に管理することにより、本人だけが行うことができることとなるものに限る。）が行われているときは、真正に成立したものと推定する。

附　則　抄

（施行期日）

第1条　この法律は、平成十三年四月一日から施行する。ただし、次条の規定は平成十三年三月一日から、附則第四条の規定は商法等の一部を改正する法律の施行に伴う関係法律の整備に関する法律（平成十二年法律第九十一号）の施行の日から施行する。

【電子署名及び認証業務に関する法律施行規則（電子署名法施行規則）】

（その他の業務の方法）

第6条　法第六条第一項第三号の主務省令で定める基準は，次のとおりとする。

　（中略）

　四　電子証明書の有効期間は，五年を超えないものであること。

　五　電子証明書には，次の事項が記録されていること。

　　イ　当該電子証明書の発行者の名称及び発行番号

　　ロ　当該電子証明書の発行日及び有効期間の満了日

　　ハ　当該電子証明書の利用者の氏名

　　ニ　当該電子証明書に係る利用者署名検証符号及び当該利用者署名検証符号に係るアルゴリズムの識別子

　六　電子証明書には，その発行者を確認するための措置であって第二条の基準に適合するものが講じられていること。

【印紙税法】

（課税物件）

第2条　別表第一の課税物件の欄に掲げる文書には，この法律により，
　　印紙税を課する。

（納税義務者）

第3条　別表第一の課税物件の欄に掲げる文書のうち，第五条の規定に
　　より印紙税を課さないものとされる文書以外の文書（以下「課税文
　　書」という。）の作成者は，その作成した課税文書につき，印紙税を
　　納める義務がある。

２．関連資料

【押印についてのQ&A（令和２年６月19日）内閣府，法務省，経済産業省】

(http://www.moj.go.jp/content/001322410.pdf#search=' %E6 % 8A % BC%E5% 8D%B0%E3% 81%AB%E3% 81%A4%E3% 81% 84%E3% 81%A6%E3% 81%AEQ% 26A')

> 問１．契約書に押印をしなくても，法律違反にならないか。

- 私法上，契約は当事者の意思の合致により，成立するものであり，書面の作成及びその書面への押印は，特段の定めがある場合を除き，必要な要件とはされていない。
- 特段の定めがある場合を除き，契約に当たり，押印をしなくても，契約の効力に影響は生じない。

> 問２．押印に関する民事訴訟法のルールは，どのようなものか。

- 民事裁判において，私文書が作成者の認識等を示したものとして証拠（書証）になるためには，その文書の作成者とされている人（作成名義人）が真実の作成者であると相手方が認めるか，そのことが立証されることが必要であり，これが認められる文書は，「真正に成立した」ものとして取り扱われる。民事裁判上，真正に成立した文書は，その中に作成名義人の認識等が示されているという意味での証拠力（これを「形式的証拠力」という。）が認められる。
- 民訴法第228条第４項には，「私文書は，本人［中略］の署名又は押印があるときは，真正に成立したものと推定する。」という規定がある。この規定により，契約書等の私文書の中に，本人の押印（本人の意思に基づく押印と解釈されている。）があれば，その私文書は，本人が

作成したものであることが推定される。

- この民訴法第228条第4項の規定の内容を簡単に言い換えれば，裁判所は，ある人が自分の押印をした文書は，特に疑わしい事情がない限り，真正に成立したものとして，証拠に使ってよいという意味である。そのため，文書の真正が裁判上争いとなった場合でも，本人による押印があれば，証明の負担が軽減されることになる。
- もっとも，この規定は，文書の真正な成立を推定するに過ぎない。その文書が事実の証明にどこまで役立つのか（＝作成名義人によってその文書に示された内容が信用できるものであるか）といった中身の問題（これを「実質的証拠力」という。）は，別の問題であり，民訴法第228条第4項は，実質的証拠力については何も規定していない。
- なお，文書に押印があるかないかにかかわらず，民事訴訟において，故意又は重過失により真実に反して文書の成立を争ったときは，過料に処せられる（民訴法第230条第1項）。

問3．本人による押印がなければ，民訴法第228条第4項が適用されないため，文書が真正に成立したことを証明できないことになるのか。

- 本人による押印の効果として，文書の真正な成立が推定される（問2参照）。
- そもそも，文書の真正な成立は，相手方がこれを争わない場合には，基本的に問題とならない。また，相手方がこれを争い，押印による民訴法第228条第4項の推定が及ばない場合でも，文書の成立の真正は，本人による押印の有無のみで判断されるものではなく，文書の成立経緯を裏付ける資料など，証拠全般に照らし，裁判所の自由心証により判断される。他の方法によっても文書の真正な成立を立証することは

可能であり（問6参照），本人による押印がなければ立証できないものではない。

- 本人による押印がされたと認められることによって文書の成立の真正が推定され，そのことにより証明の負担は軽減されるものの，相手方による反証が可能なものであって，その効果は限定的である（問4，5参照）。
- このように，形式的証拠力を確保するという面からは，本人による押印があったとしても万全というわけではない。そのため，テレワーク推進の観点からは，必ずしも本人による押印を得ることにこだわらず，不要な押印を省略したり，「重要な文書だからハンコが必要」と考える場合であっても押印以外の手段で代替したりすることが有意義であると考えられる。

問4．文書の成立の真正が裁判上争われた場合において，文書に押印がありさえすれば，民訴法第228条第4項が適用され，証明の負担は軽減されることになるのか。

- 押印のある文書について，相手方がその成立の真正を争った場合は，通常，その押印が本人の意思に基づいて行われたという事実を証明することになる。
- そして，成立の真正に争いのある文書について，印影と作成名義人の印章が一致することが立証されれば，その印影は作成名義人の意思に基づき押印されたことが推定され，更に，民訴法第228条第4項によりその印影に係る私文書は作成名義人の意思に基づき作成されたことが推定されるとする判例（最判昭39・5・12民集18巻4号597頁）がある。これを「二段の推定」と呼ぶ。
- この二段の推定により証明の負担が軽減される程度は，次に述べると

おり，限定的である。

① 推定である以上，印章の盗用や冒用などにより他人がその印章を利用した可能性があるなどの反証が相手方からなされた場合には，その推定は破られ得る。

② 印影と作成名義人の印章が一致することの立証は，実印である場合には印鑑証明書を得ることにより一定程度容易であるが，いわゆる認印の場合には事実上困難が生じ得ると考えられる（問5参照）。

- なお，次に述べる点は，文書の成立の真正が証明された後の話であり，形式的証拠力の話ではないが，契約書を始めとする法律行為が記載された文書については，文書の成立の真正が認められれば，その文書に記載された法律行為の存在や内容（例えば契約の成立や内容）は認められやすい。他方，請求書，納品書，検収書等の法律行為が記載されていない文書については，文書の成立の真正が認められても，その文書が示す事実の基礎となる法律行為の存在や内容（例えば，請求書記載の請求額の基礎となった売買契約の成立や内容）については，その文書から直接に認められるわけではない。このように，仮に文書に押印があることにより文書の成立の真正についての証明の負担が軽減されたとしても，そのことの裁判上の意義は，文書の性質や立証命題との関係によっても異なり得ることに留意する必要がある。

問5．認印や企業の角印についても，実印と同様，「二段の推定」により，文書の成立の真正について証明の負担が軽減されるのか。

- 「二段の推定」は，印鑑登録されている実印のみではなく認印にも適用され得る（最判昭和50・6・12裁判集民115号95頁）。
- 文書への押印を相手方から得る時に，その印影に係る印鑑証明書を得ていれば，その印鑑証明書をもって，印影と作成名義人の印章の一致

を証明することは容易であるといえる。

- また，押印されたものが実印であれば，押印時に印鑑証明書を得ていなくても，その他の手段により事後的に印鑑証明書を入手すれば，その印鑑証明書をもって，印影と作成名義人の印章の一致を証明することができる。ただし，印鑑証明書は通常相手方のみが取得できるため，紛争に至ってからの入手は容易ではないと考えられる。

- 他方，押印されたものが実印でない（いわゆる認印である）場合には，印影と作成名義人の印章の一致を相手方が争ったときに，その一致を証明する手段が確保されていないと，成立の真正について「二段の推定」が及ぶことは難しいと思われる。そのため，そのような押印が果たして本当に必要なのかを考えてみることが有意義であると考えられる。

- なお，3Dプリンター等の技術の進歩で，印章の模倣がより容易であるとの指摘もある。

> 問6．文書の成立の真正を証明する手段を確保するために，どのようなものが考えられるか。

- 次のような様々な立証手段を確保しておき，それを利用することが考えられる。
  ① 継続的な取引関係がある場合
     取引先とのメールのメールアドレス・本文及び日時等，送受信記録の保存（請求書，納品書，検収書，領収書，確認書等は，このような方法の保存のみでも，文書の成立の真正が認められる重要な一事情になり得ると考えられる。）
  ② 新規に取引関係に入る場合
     契約締結前段階での本人確認情報（氏名・住所等及びその根拠資

　料としての運転免許証など）の記録・保存

　　本人確認情報の入手過程（郵送受付やメールでのPDF送付）の
　記録・保存

　　文書や契約の成立過程（メールやSNS上のやり取り）の保存

③　電子署名や電子認証サービスの活用（利用時のログインID・日
　時や認証結果などを記録・保存できるサービスを含む。）

・上記①，②については，文書の成立の真正が争われた場合であっても，
　例えば下記の方法により，その立証が更に容易になり得ると考えられ
　る。また，こういった方法は技術進歩により更に多様化していくこと
　が想定される。

（a）メールにより契約を締結することを事前に合意した場合の当該
　　合意の保存

（b）PDFにパスワードを設定

（c）（b）のPDFをメールで送付する際，パスワードを携帯電話等
　　の別経路で伝達

（d）複数者宛のメール送信（担当者に加え，法務担当部長や取締役
　　等の決裁権者を宛先に含める等）

（e）PDFを含む送信メール及びその送受信記録の長期保存

230

【利用者の指示に基づきサービス提供事業者自身の署名鍵により暗号化
　等を行う電子契約サービスに関するQ&A】

（令和2年7月17日　総務省，法務省，経済産業省　http://www.moj.
go.jp/content/001323974.pdf）

> 問1　電子署名及び認証業務に関する法律（平成12年法律第102号，
> 　　以下「電子署名法」という。）における「電子署名」とはどのよう
> 　　なものか。

- 電子署名法における「電子署名」は，その第2条第1項において，デ
　ジタル情報（電磁的記録に記録することができる情報）について行わ
　れる措置であって，（1）当該情報が当該措置を行った者の作成に係
　るものであることを示すためのものであること（同項第1号）及び
　（2）当該情報について改変が行われていないかどうかを確認するこ
　とができるものであること（同項第2号）のいずれにも該当するもの
　とされている。

> 問2　サービス提供事業者が利用者の指示を受けてサービス提供事
> 　　業者自身の署名鍵による電子署名を行う電子契約サービスは，電
> 　　子署名法上，どのように位置付けられるのか。

- 近時，利用者の指示に基づき，利用者が作成した電子文書（デジタル
　情報）について，サービス提供事業者自身の署名鍵により暗号化等を
　行うサービスが登場している。このようなサービスについては，サー
　ビス提供事業者が「当該措置を行った者」（電子署名法第2条第1項
　第1号）と評価されるのか，あるいは，サービスの内容次第では利用
　者が当該措置を行ったと評価することができるのか，電子署名法上の

位置付けが問題となる。

- 電子署名法第2条第1項第1号の「当該措置を行った者」に該当するためには，必ずしも物理的に当該措置を自ら行うことが必要となるわけではなく，例えば，物理的にはAが当該措置を行った場合であっても，Bの意思のみに基づき，Aの意思が介在することなく当該措置が行われたものと認められる場合であれば，「当該措置を行った者」はBであると評価することができるものと考えられる。

- このため，利用者が作成した電子文書について，サービス提供事業者自身の署名鍵により暗号化を行うこと等によって当該文書の成立の真正性及びその後の非改変性を担保しようとするサービスであっても，技術的・機能的に見て，サービス提供事業者の意思が介在する余地がなく，利用者の意思のみに基づいて機械的に暗号化されたものであることが担保されていると認められる場合であれば，「当該措置を行った者」はサービス提供事業者ではなく，その利用者であると評価し得るものと考えられる。

- そして，上記サービスにおいて，例えば，サービス提供事業者に対して電子文書の送信を行った利用者やその日時等の情報を付随情報として確認することができるものになっているなど，当該電子文書に付された当該情報を含めての全体を1つの措置と捉え直すことよって，電子文書について行われた当該措置が利用者の意思に基づいていることが明らかになる場合には，これらを全体として1つの措置と捉え直すことにより，「当該措置を行った者（＝当該利用者）の作成に係るものであることを示すためのものであること」という要件（電子署名法第2条第1項第1号）を満たすことになるものと考えられる。

問3　どのような電子契約サービスを選択することが適当か。

• 電子契約サービスにおける利用者の本人確認の方法やなりすまし等の
　防御レベルなどは様々であることから，各サービスの利用に当たって
　は，当該サービスを利用して締結する契約等の性質や，利用者間で必
　要とする本人確認レベルに応じて，適切なサービスを選択することが
　適当と考えられる。

【利用者の指示に基づきサービス提供事業者自身の署名鍵により暗号化等を行う電子契約サービスに関するQ＆A（電子署名法第3条関係）】

（令和2年9月4日　総務省，法務省，経済産業省　http://www.moj.go.jp/content/001327658.pdf?fbclid=IwAR1yaAl19ivg-UnmdCNP7Px5d3TcfKSNHhqSBhIXTogQu9nttKEH7yxfBWc）

【作成の経緯】

　利用者の指示に基づきサービス提供事業者自身の署名鍵により暗号化等を行う電子契約サービス[1]については，本年7月17日，電子署名及び認証業務に関する法律（平成12年法律第102号，以下「電子署名法」という。）第2条に関する「利用者の指示に基づきサービス提供事業者自身の署名鍵により暗号化等を行う電子契約サービスに関するQ＆A」（以下「第2条関係Q＆A」という。）を公表したものであるところ，今般，電子署名法第3条に関しても，本Q＆Aを作成し公表することとした。

　電子契約サービスにおいて利用者とサービス提供事業者の間で行われる本人確認（身元確認，当人認証）等のレベルやサービス提供事業者内部で行われるプロセスのセキュリティレベルは様々であり，利用者はそれらの差異を理解した上で利用することが重要であるところ，本Q＆Aには当該観点からのQ＆Aも含めている。

　さらに，電子認証に関しては，近年，技術的な標準の検討が進んでおり，また，それぞれの国で制度化された電子認証の相互承認なども検討

1　本Q&Aにおける「利用者の指示に基づきサービス提供事業者自身の署名鍵により暗号化等を行う電子契約サービス」には，例えば，電子契約において電子署名を行う際にサービス提供事業者が自動的・機械的に利用者名義の一時的な電子証明書を発行し，それに紐付く署名鍵により暗号化等を行う電子契約サービスを含むものとする。

234

の視野に入るようになっていることなどを踏まえ，商取引の安定性や制度における要求事項に係る国際的整合性等を確保するために，国際標準との整合性や他の国の制度との調和なども踏まえた検討を行う必要がある。本Ｑ＆Ａの作成に当たっても，国際標準との整合性等の観点も踏まえ，検討を行った。

> 問１　電子署名法第３条における「本人による電子署名（これを行うために必要な符号及び物件を適正に管理することにより，本人だけが行うことができることとなるものに限る。）」とは，どのようなものか。

- 電子署名法第３条の規定は，電子文書（デジタル情報）について，本人すなわち当該電子文書の作成名義人による電子署名（これを行うために必要な符号及び物件を適正に管理することにより，本人だけが行うことができることとなるものに限る。）が行われていると認められる場合に，当該作成名義人が当該電子文書を作成したことが推定されることを定めるものである。
- この電子署名法第３条の規定が適用されるためには，次の要件が満たされる必要がある。
  - ①　電子文書に電子署名法第３条に規定する電子署名が付されていること。
  - ②　上記電子署名が本人（電子文書の作成名義人）の意思に基づき行われたものであること。
- まず，電子署名法第３条に規定する電子署名に該当するためには，同法第２条に規定する電子署名に該当するものであることに加え，「これ（その電子署名）を行うために必要な符号及び物件を適正に管理することにより，本人だけが行うことができることとなるもの」に該当

するものでなければならない（上記①）。

- このように電子署名法第3条に規定する電子署名について同法第2条に規定する電子署名よりもさらにその要件を加重しているのは，同法第3条が電子文書の成立の真正を推定するという効果を生じさせるものだからである。すなわち，このような効果を生じさせるためには，その前提として，暗号化等の措置を行うための符号について，他人が容易に同一のものを作成することができないと認められることが必要であり（以下では，この要件のことを「固有性の要件」などという。），そのためには，当該電子署名について相応の技術的水準が要求されることになるものと考えられる。したがって，電子署名のうち，例えば，十分な暗号強度を有し他人が容易に同一の鍵を作成できないものである場合には，同条の推定規定が適用されることとなる。

- また，電子署名法第3条において，電子署名が「本人による」ものであることを要件としているのは，電子署名が本人すなわち電子文書の作成名義人の意思に基づき行われたものであることを要求する趣旨である（上記②）。

問2　サービス提供事業者が利用者の指示を受けてサービス提供事業者自身の署名鍵による暗号化等を行う電子契約サービスは，電子署名法第3条との関係では，どのように位置付けられるのか。

- 利用者の指示に基づき，利用者が作成した電子文書について，サービス提供事業者自身の署名鍵による暗号化等を行う電子契約サービスについては，第2条関係Q＆Aにより電子署名法第2条に関する電子署名法上の位置付けを示したところであるが，更に同法第3条に関する位置付けが問題となる。

- 上記サービスについて，電子署名法第3条が適用されるためには，問

1に記載したとおり，同サービスが同条に規定する電子署名に該当すること及び当該電子署名が本人すなわち電子文書の作成名義人の意思に基づき行われたことが必要となる。

- このうち，上記サービスが電子署名法第3条に規定する電子署名に該当するためには，その前提として，同法第2条第1項に規定する電子署名に該当する必要がある。この点については，第2条関係Q＆Aにおいて，既に一定の考え方を示したとおり，同サービスの提供について，技術的・機能的に見て，サービス提供事業者の意思が介在する余地がなく，利用者の意思のみに基づいて機械的に暗号化されたものであることが担保されているものであり，かつサービス提供事業者が電子文書に行った措置について付随情報を含めて全体を1つの措置と捉え直すことによって，当該措置が利用者の意思に基づいていることが明らかになる場合には，同法第2条第1項に規定する電子署名に該当すると考えられる。

- その上で，上記サービスが電子署名法第3条に規定する電子署名に該当するには，更に，当該サービスが本人でなければ行うことができないものでなければならないこととされている。そして，この要件を満たすためには，問1のとおり，同条に規定する電子署名の要件が加重されている趣旨に照らし，当該サービスが十分な水準の固有性を満たしていること（固有性の要件）が必要であると考えられる。

- より具体的には，上記サービスが十分な水準の固有性を満たしていると認められるためには，①利用者とサービス提供事業者の間で行われるプロセス及び②①における利用者の行為を受けてサービス提供事業者内部で行われるプロセスのいずれにおいても十分な水準の固有性が満たされている必要があると考えられる。

- ①及び②のプロセスにおいて十分な水準の固有性を満たしているかについては，システムやサービス全体のセキュリティを評価して判断さ

れることになると考えられるが，例えば，①のプロセスについては，利用者が2要素による認証を受けなければ措置を行うことができない仕組みが備わっているような場合には，十分な水準の固有性が満たされていると認められ得ると考えられる。2要素による認証の例としては，利用者が，あらかじめ登録されたメールアドレス及びログインパスワードの入力に加え，スマートフォンへのSMS送信や手元にあるトークンの利用等当該メールアドレスの利用以外の手段により取得したワンタイム・パスワードの入力を行うことにより認証するものなどが挙げられる。

- ②のプロセスについては，サービス提供事業者が当該事業者自身の署名鍵により暗号化等を行う措置について，暗号の強度や利用者毎の個別性を担保する仕組み（例えばシステム処理が当該利用者に紐付いて適切に行われること）等に照らし，電子文書が利用者の作成に係るものであることを示すための措置として十分な水準の固有性が満たされていると評価できるものである場合には，固有性の要件を満たすものと考えられる。

- 以上の次第で，あるサービスが電子署名法第3条に規定する電子署名に該当するか否かは，個別の事案における具体的な事情を踏まえた裁判所の判断に委ねられるべき事柄ではあるものの，一般論として，上記サービスは，①及び②のプロセスのいずれについても十分な水準の固有性が満たされていると認められる場合には，電子署名法第3条の電子署名に該当するものと認められることとなるものと考えられる。したがって，同条に規定する電子署名が本人すなわち電子文書の作成名義人の意思に基づき行われたと認められる場合には，電子署名法第3条の規定により，当該電子文書は真正に成立したものと推定されることとなると考えられる。

238

（参考）

- あるサービスが，①及び②のプロセスのいずれについても十分な水準の固有性を満たしているかは，サービス毎に評価が必要となるが，評価するための参考となる文書について以下に例示する。
- ①のプロセスにおいて，固有性の水準の参考となる文書の例。
  ◦ NIST，「NIST Special Publication 800-63-3 Digital Identity Guidelines」，2017年6月
  ◦ 経済産業省，「オンラインサービスにおける身元確認手法の整理に関する検討報告書」，2020年4月
  ◦ 各府省情報化統括責任者（CIO）連絡会議決定，「行政手続におけるオンラインによる本人確認の手法に関するガイドライン」，2019年2月
- ②のプロセスにおいて，固有性の水準の参考となる文書の例。
  ◦ NIST，「NIST Special Publication 800-130A Framework for Designing Cryptographic Key Management Systems」，2013年8月
  ◦ CRYPTREC，「暗号鍵管理システム設計指針（基本編）」，2020年7月
  ◦ 日本トラストテクノロジー協議会（JT2A）リモート署名タスクフォース，「リモート署名ガイドライン」，2020年4月
  ◦ 総務省・法務省・経済産業省告示，「電子署名及び認証業務に関する法律に基づく特定認証業務の認定に係る指針」

問3　サービス提供事業者が利用者の指示を受けてサービス提供事業者自身の署名鍵による暗号化等を行う電子契約サービスが電子署名法第3条の電子署名に該当する場合に，「これを行うために必要な符号及び物件を適正に管理すること」とは，具体的に何を指すことになるのか。

- 「これを行うために必要な符号及び物件を適正に管理すること」の具体的内容については，個別のサービス内容により異なり得るが，例えば，サービス提供事業者の署名鍵及び利用者のパスワード（符号）並びにサーバー及び利用者の手元にある2要素認証用のスマートフォン又はトークン（物件）等を適正に管理することが該当し得ると考えら

れる。

問4　電子契約サービスを選択する際の留意点は何か。

- 実際の裁判において電子署名法第3条の推定効が認められるためには，電子文書の作成名義人の意思に基づき電子署名が行われていることが必要であるため，電子契約サービスの利用者と電子文書の作成名義人の同一性が確認される（いわゆる利用者の身元確認がなされる）ことが重要な要素になると考えられる。
- この点に関し，電子契約サービスにおける利用者の身元確認の有無，水準及び方法やなりすまし等の防御レベルは様々であることから，各サービスの利用に当たっては，当該各サービスを利用して締結する契約等の重要性の程度や金額といった性質や，利用者間で必要とする身元確認レベルに応じて，適切なサービスを慎重に選択することが適当と考えられる。

おわりに

　本書を最後までお読みいただきありがとうございました。

　冒頭にも述べましたが，2021年2月に本書を上梓してから実に多くの変化がありました。

　デジタル改革関連法が施行されて，これまで岩盤規制と思われていた押印・書面規制が次々と撤廃されていくのをこの数年で目の当たりにしました。コロナ禍があったとはいえ，政府主導のトップダウンで物事がスピーディに進む様子には感嘆したものです。

　繰り返しになりますが，電子契約は一過性のブームを終え，今は導入できている人はできている，できていない人は導入する気もなくなっている，という現状です。出社について制限がなくなりつつあるので，電子契約導入の緊急度が低くなっており，DX（デジタルトランスフォーメーション）に関心の薄い層にはなかなか思うようなスピードで浸透していないのです。

　行政などの自治体でも，実証実験をしているところは多いものの，実際の本格導入まで進んだところはまだわずかです。

　また，初版刊行以後，当社でも大きな変化があり，当初，NINJA SIGNという名称でスタートしたサービスは，上場企業であるfreeeのグループとなることを経て，今はfreeeサインという名称で契約領域にとどまらずバックオフィス全体の効率化に資するような価値提供を行っています。

　そんな折，2022年末から2023年はじめにかけて，米国のOpenAIが

242

作ったChatGPTが当時の史上最速で1億人の利用者数を獲得するなど，生成系AIが飛躍的な進歩を遂げ，この波は蒸気機関やインターネットの発明に比肩するものといわれています。当然，電子契約や契約・法律領域にもさらなるイノベーションが訪れるでしょう。

　将来は，契約内容に合意したら，AIに「社内承認をとって電子契約で送っておいて」と伝達しAIがその後の稟議・送信作業を自動的にやってくれる，という程度のことは確実に起きるでしょう。そもそもの契約内容についても，オンライン会議の議事録を要約して理解し，当該会議の内容を踏まえた契約ドラフトを自動的に作ってくれるサービスも出てくるものと思います。これまでは「こんなことできたらいいよね」程度で，現実味のないアイデアだったものが，ChatGPTレベルの生成AIが次々と登場したことで一気にそうしたアイデアに現実味が増したといえます。

　本書をお読みの皆さんにはぜひそうした最先端のテクノロジーを活用して契約実務を高度化していただき，生産性を飛躍的に上げていただきたいです。本書をお読みの皆さんが生産性を上げていくことで，日本の明るい未来が開けてきます。ぜひ，ともに成長していきましょう。
　最後になりますが，本書の執筆にご協力いただいた中央経済社の石井さんに感謝を申し上げます。

2023年9月吉日

freeeサイン株式会社　代表取締役
弁護士　鬼頭　政人

【参考文献】

- 潮見佳男『基本講義　債権各論Ⅰ（第3版）』（新世社，2017年）
- 司法研修所編『事例で考える民事事実認定』（法曹会，2015年）
- 藤田広美『講義 民事訴訟（第3版）』（東京大学出版会，2013年）
- 宮内宏『改訂版　電子契約の教科書』（日本法令，2019年）
- SKJコンサルティング合同会社編『詳説 電子帳簿保存法 実務のポイント』（税務研究会出版局，2020年）
- 「電子署名活用ガイド（第2版）」（電子認証局会議，2013年）

索　引

【著者紹介】

鬼頭　政人（きとう　まさと）

freeeサイン株式会社　代表取締役　弁護士
東京大学法学部卒業後，司法試験合格。都内法律事務所勤務，投資ファンド勤務を経て，
株式会社サイトビジット（現：freeeサイン株式会社）を設立。
電子契約・契約管理サービス「NINJA SIGN（現：freeeサイン）」を2019年12月より正式
リリース。
公式Youtubeチャンネル
(https://www.youtube.com/channel/UCsqDRCfyd9hAh8mvmj1chOw/featured)
でも情報提供中。

ゼロからわかる電子契約の実務〈第2版〉

2021年 2 月20日　第 1 版第 1 刷発行	著　者　鬼　頭　政　人
2021年 5 月20日　第 1 版第 2 刷発行	発行者　山　本　　　継
2023年10月20日　第 2 版第 1 刷発行	発行所　㈱中　央　経　済　社

発売元　㈱中央経済グループ
　　　　パブリッシング

〒101-0051　東京都千代田区神田神保町 1 - 35
電話　03 (3293) 3371(編集代表)
　　　03 (3293) 3381(営業代表)
https://www.chuokeizai.co.jp

Ⓒ 2023
Printed in Japan

印刷／㈱堀内印刷所
製本／㈲井上製本所